Torre de Babel – Último Andar

Israel e o futuro da Humanidade

Rav Dr. Michael Laitman

Torre de Babel – Último Andar

Índice

SOBRE O AUTOR

O cabalista Rav Dr.Michael Laitman tem doutorado em filosofia e Cabala do Instituto Superior de Filosofia da Academia Russa de Ciências de Moscou, e obteve o PHD em Bio-Cibernética da Faculdade de Biologia e Cibernética do Instituto de Ciência da Universidade Saint Petersburgo.   .

Além de seu trabalho como cientista e investigador, Rav Laitman vem estudando e ensinando Cabala nos últimos trinta anos. Como cabalista tem publicado mais de trinta livros e numerosos ensaios acadêmicos sobre o tema, os quais foram traduzidos em dez idiomas até agora.

Rav Laitman foi discípulo e assistente pessoal do Rabino Baruch Shalom Halevi Ashlag (Rabash), primogênito e sucessor do Rabino Yehuda Leib Halevi Ashlag, conhecido como Baal HaSulam (Mestre da escada) por ser o autor do Sulam (Escada), o comentário mais respeitado sobre o livro do Zohar. Durante doze anos o Rav Laitman estudou devotamente com o Rabash e assimilou os ensinamentos do Baal HaSulam.
Baal HaSulam é considerado o sucessor de Ari HaKadosh (O Santo Ari), autor de A Árvore da Vida.
Yehuda Ashlag também facilitou o caminho para que nossa geração seja admitida no estudo da Cabala.
Graças à sua metodologia, qualquer um pode se beneficiar do conhecimento (fontes autênticas) da Cabala, o legado dos antigos Cabalistas.

Rav Laitman segue os passos de seu mentor e continua cumprindo sua missão na vida: difundir a sabedoria da Cabala no mundo.
Após o falecimento do Rabash em 1991, Laitman estabeleceu o Bnei Baruch, um grupo de estudantes que estuda, ensina e implementa os ensinamentos do Baal HaSulam e seu filho Baruch, diariamente.

Através do tempo, o Bnei Baruch tem se transformado num amplo movimento internacional com milhões de membros em Israel e ao redor do mundo. As aulas do Rav Laitman são transmitidas diariamente por satélite e TV a cabo em Israel, nos Estados Unidos e na Internet por meio do: www.kab.tv
Além disso, Laitman é fundador e presidente do Instituto Ashlag de Pesquisa (ARI), cuja meta é cultivar um diálogo aberto a respeito da Cabala e da ciência. Suas extensas atividades educativas o tornaram merecedor do título de Professor de Ontologia da Academia Russa de Ciências de Moscou. Nos últimos anos, o Dr. Laitman vem cooperando com líderes científicos na Pesquisa da Cabala e da ciência contemporânea.

Quando lhe perguntam como compatibiliza a Cabala com a ciência na sua vida, ele responde:

"Quando terminei a escola, procurei uma profissão que me permitisse investigar o significado da vida. Senti que estudar a Natureza através de lentes científicas me ajudaria a encontrar a resposta. Por isso comecei a estudar bio-cibernética, um campo do conhecimento que investiga os sistemas da vida e a ordem que dita sua existência. Esperava que ao estudar como vivemos eventualmente encontraria a razão de nossa existência. Esta é a pergunta que se encontra no coração de cada pessoa jovem, porém se dissipa no rodamoinho da vida diária.

Quando concluí meus estudos, fui trabalhar no Instituto de Pesquisa de Hematologia de Leningrado. Ainda como estudante, estava intrigado sobre como as células orgânicas mantêm a vida, e como cada célula está perfeitamente integrada em todo o corpo. É de costume investigar a própria estrutura da célula e suas diferentes funções, e questionar sobre o propósito de sua existência e como suas ações estão relacionadas com todo o organismo. Contudo, não pude encontrar uma resposta à minha pergunta sobre o propósito da existência do organismo inteiro.

Supus que o corpo, como as células no seu interior, fosse parte de um todo maior. Porém minhas intenções ao investigar esta hipótese foram repetidamente frustradas. Diziam-me que a ciência não se envolve nestas questões.

Tudo isso ocorreu nos anos 70 na Rússia. Desiludido, decidi deixar a Rússia tão logo quanto pude. Esperava poder continuar em Israel a investigação que tanto cativou meu coração. E assim, em 1974, depois de ser um "refusenik" (alguém cujo pedido de deixar a Rússia para ir para Israel é negado) durante quatro anos, após os quais, finalmente cheguei a Israel. Infelizmente, aqui também somente me foi permitido envolver-me em investigações limitadas ao nível unicelular.

Dei-me conta de que devia procurar em outro lugar para aprender sobre todos os sistemas da realidade. Por conseguinte me voltei à filosofia, depois à religião, mas ali tampouco encontrei respostas. Somente depois de longos anos de busca encontrei meu professor, o grande cabalista, Rabi Baruch Shalom HaLevi Ashlag (o Rabash).
Passei os doze anos seguintes ao lado do Rabash, desde 1979 ate 1991. Para mim foi 'o último dos Moicanos', o último grande cabalista na grande dinastia de cabalistas que perduraram por muitas gerações. Não saí de seu lado esse tempo todo; escrevi meus primeiros três livros em 1983, com seu apoio, e quando faleceu, comecei a desenvolver o conhecimento que havia recebido dele e a publicá-lo. Considero este trabalho, então, como uma extensão direta do caminho do Rabash e da realização de sua visão".

Estrutura do Livro

Este livro está baseado em ensaios e aulas oferecidas pelo Rav Dr. Michael Laitman, as quais foram compiladas pela equipe editorial do Instituto Ashlag de Pesquisa (ARI, suas iniciais em inglês). A primeira parte se focaliza em um nível pessoal. Explica a raiz da crise e dos problemas que experimentamos na vida e descreve como podemos resolvê-los. A segunda parte está dedicada ao futuro do estado de Israel e da humanidade em Geral.

Prefácio

Já não é nenhum segredo que a atual situação mundial é de profunda crise e incerteza em todos os campos da vida. Predominam o terrorismo, o uso de drogas, a desintegração familiar e a decadência na educação.

Por um lado, as pessoas de todo o mundo estão se conectando cada vez mais à raiz da globalização; por outro lado, os indivíduos não conseguem ficar conectados nem sequer com suas próprias famílias ou com eles mesmos devido ao egoísmo crescente.

Esta dicotomia nos levou ao estado lamentável no qual nos encontramos atualmente, que parece ser um 'beco sem saída'.

Em nosso mundo, onde estamos separados, temos nossa própria linguagem: o egoísmo. Por causa dele é difícil entendermo-nos mutuamente. Essa situação é igual à da época da Torre de Babel, quando o orgulho e o desejo de satisfação desmedidos alcançaram tal magnitude que as pessoas quiseram construir um edifício que chegasse até o céu, para demonstrar seu poder, inclusive sobre a Natureza.

As necessidades que os seres humanos têm em exceder suas necessidades indispensáveis para a vida são consideradas como egoísmo. Isso constitui uma força adicional ao desejo presente no indivíduo, a qual ultrapassa suas necessidades básicas e essenciais para sua existência. É importante nos darmos conta que este é o único desejo ou força daninha que existe no mundo; quer dizer, seu uso incorreto é a raiz de todos os nossos sofrimentos. Esse excedente, a parte que ultrapassa o fundamental para se viver, tem que ser transformado em doação. Desta maneira obteremos um equilíbrio com a Natureza.

O Zohar nos diz que o egoísmo atingiria seu auge em nossos tempos - quando o desejo de receber prazer chegasse ao seu nível mais elevado, haveria necessidade de revelar a sabedoria ancestral da Cabala, por ser o método de correção que nos permite voltar a viver como um só homem em um só coração, baseando-nos no princípio: "Ama a teu próximo como a ti mesmo".

A atual separação entre as almas se explica nas fontes autênticas da Cabala como sendo a raiz dos males do mundo. O egoísmo que evoluiu num processo natural, desde o pequeno nível primário, no começo da existência humana, até chegar à sua máxima expressão nos dias de hoje - é como uma faca afiada que separa as pessoas.

Na realidade, a desintegração, o mútuo distanciamento, a divisão de raças, nacionalidades, religiões, mentalidades e em geral, civilizações, que tem ocorrido através da historia, tem sido necessária para que nos demos conta da importância de nos elevarmos acima dessa separação, preservando essas diferenças sem diminuir ou destruir nada. Fazemos isso, principalmente, respeitando a unicidade de todos e juntando as partes em um todo único com a Natureza, numa doação mútua, e em direção a uma meta comum.

As células vivas podem sobreviver, desenvolver-se, multiplicar-se e realizar seu programa interno somente mediante seus esforços conjuntos, ao se unirem em um só corpo. Se não cedem mutuamente, se não sabem das necessidades das demais e as completam, são incapazes de sobreviver, por falta de apoio recíproco. De fato, a lei geral da Natureza parece atuar de maneira opressiva perante todo funcionamento egoísta, o qual caracteriza unicamente o ser humano, que constantemente transgride a lei da existência de qualquer objeto vivo: o altruísmo.

Temos que nos dar conta da necessidade de cumprir essa lei universal, também dentro de cada um de nós, seres humanos, e nos esforçarmos para nos adaptar a ela e às suas propriedades, convertendo-a em nossa regra de vida . Através dessa decisão descobriremos o propósito de nossa existência, o de elevarmo-nos ao nível mais alto possível de realidade, acima do plano terreno, logrando assim vivenciar paz, tranqüilidade e segurança.

Este livro tem como finalidade criar uma consciência sobre o caminho para sair da crise e alcançar uma mudança transcendental positiva em todos os níveis. Isto é especialmente relevante para Israel, que está destinado a servir de guia ao mundo através de uma transformação espiritual, cumprindo seu papel de ser Luz para 'as nações e revelar a Meta da Criação' a toda a humanidade.

Parte 1
Crise Global

Prefácio

A primeira parte deste livro enfocará o estado da humanidade no século XXI, descrevendo a mudança que devemos realizar em nossa consciência, e porque ela é necessária. Porém, revisemos antes alguns aspectos sobre a situação atual no mundo, focalizando-nos particularmente em Israel.

Examinar esses fatos é importante para nos ajudar a compreender a solução proposta aos nossos problemas.

Nos últimos 100 anos, aproximadamente, temos experimentado um salto gigante no progresso científico e tecnológico; e apesar disso nos encontramos indefesos e perplexos diante da escalada de fenômenos que estão ocorrendo em várias áreas. Muitos estão insatisfeitos com suas vidas, e existe uma crescente sensação de insegurança, falta de sentido, frustração e amargura.

Essas sensações nos conduzem freqüentemente ao uso de sedativos, drogas e outros vícios, todos servindo como substitutos e meios alternativos de satisfação.

As pragas do século XXI são a ansiedade e a depressão.

A Organização Mundial da Saúde (OMS) determinou que de cada quatro pessoas, uma sofrerá de algum problema mental em sua vida! Nos últimos cinqüenta anos tem havido um aumento significativo no número de pessoas que sofrem de depressão. A mais recente descoberta é de que a depressão está aparecendo cada vez mais cedo, e em idades mais jovens. Está previsto que no ano 2020, as doenças mentais e, sobretudo a depressão, serão a segunda causa mais comum dos problemas de saúde.

A depressão é uma das principais causas de suicídio. A cada ano, mais de um milhão de pessoas tiram suas vidas e entre 10 e 20 milhões de pessoas tentarão fazê-lo. A intenção de suicidar-se em geral, particularmente entre as crianças e os jovens, está numa curva clara de ascensão.

O Ministério da Saúde de Israel declarou que, de maneira semelhante a outros países ocidentais desenvolvidos, os suicídios em Israel constituem a segunda causa mais comum de morte entre crianças e adolescentes Muitas pessoas que trabalham no campo da saúde, acreditam que o fenômeno dos suicídios reflete o estado doentio geral da sociedade.

Nas últimas décadas, o consumo de drogas deixou de ser um fenômeno marginal para converter-se num tema central em todo o mundo e hoje em dia, ele afeta todos os níveis da sociedade. Atualmente o abuso de drogas entre a juventude é um fenômeno conhecido e as crianças são introduzidas muito cedo ao mundo das drogas, assim que começam a ir pra escola primária. Uma pesquisa feita pela Autoridade Anti-Droga de Israel em 2005 revelou que, em comparação com dados anteriores, existe uma quantidade alarmante de abuso de drogas entre os jovens.

Nos Estados Unidos o número de pessoas que confessam ter feito uso de drogas, mesmo que uma só vez na vida, é de aproximadamente 42% da população. Na Europa o uso de cocaína alcançou um elevado e inquietante recorde de 3.5 milhões de usuários, entre os quais, encontra-se um numero crescente de pessoas de alto nível de educação (isto se refere à educação da parte ocidental do continente).

Inclusive a instituição familiar está se desintegrando: divórcios, alienação e violência doméstica aparecem hoje com muito mais freqüência. Em Israel um em cada três casais se divorcia; na Suécia e na Rússia, 65% dos casais se divorciam. A polícia Israelense relatou que no ano de 2004, um total de 9.400 novos casos foram abertos contra pais que cometeram algum tipo de abuso contra seus filhos, em comparação a 1.000 casos em 1998. Ademais, no ano de 2004, 200.000 mulheres foram registradas como vítimas de violência doméstica infligida por seus cônjuges.

O relatório de pobreza publicado pelo Seguro Social de Israel no ano de 2006 revelou que o aumento da pobreza e das diferenças socioeconômicas é constante . Hoje em dia, uma em cada três crianças é criada numa família pobre, e uma em cada cinco famílias em Israel vive no nível da pobreza.

A geração mais jovem sofre de falta de valores e ideologia, e o sistema educacional está desamparado e em declive. A violência e delinqüência juvenil aumentam e 90% dos estudantes relatam serem testemunhas de maus tratos e violência dentro dos recintos escolares. Uma percentagem similar de professores admite não ter meios para enfrentar a violência e insubordinação dentro do sistema educativo.

De fato, a intensificação destes fenômenos não é tão inquietante, do nosso ponto de vista, porque já nos acostumamos a eles. No passado, foram considerados aberrações, mas hoje, viraram rotina. Devido ao fato de que carecemos de ferramentas para fazer frente a essas dificuldades, aceitamos sua existência para reduzir o sofrimento que nos causam. Este é um mecanismo de defesa natural que se desenvolveu dentro de nós, mas isso não significa que as coisas não podem ser diferentes e, de fato, melhores de que são agora.

EVOLUÇÃO DA CONSCIÊNCIA PLANETÁRIA

A crescente crise global requer uma solução. Muitos cientistas e filósofos, ao redor do mundo, a estudam e investigam, mas atualmente não podemos dizer que entendemos sua causa e, menos ainda, as ações a serem tomadas para resolvê-la.

Hoje já não podemos negar sua existência. Abundam as teorias e sugestões quanto à natureza da crise como aos meios para eliminá-la. Nesta parte do livro, tratarei de descrever o estado atual da humanidade do ponto de vista da ciência, com a qual tenho me comprometido durante os últimos trinta anos de minha vida, a ciência da Cabala.

Na antiguidade, o homem estava mais próximo da Natureza e tratava de manter-se ligado a ela. Havia dois motivos para isso:

- O egoísmo, não desenvolvido, ainda não havia distanciado o homem da Natureza, permitindo-lhe sentir-se parte integrante desta.

- O conhecimento insuficiente da Natureza causava medo, obrigando o homem a considerá-la superior a ele.

Por esses dois motivos, o homem aspirou não somente a acumular os conhecimentos sobre os fenômenos do mundo que o cerca, como também a conhecer as forças que o governam.

A gente não podia se esconder dos elementos como faz hoje em dia , evitando as forças da Natureza num mundo criado artificialmente. Seus órgãos sensoriais ainda não deformados ou degenerados pela tecnologia contemporânea eram incapazes de sentir o mundo ao seu redor em maior profundidade. O medo da Natureza, e simultaneamente, a aproximação dela, levou o homem a descobrir o que esta queria dele, se tinha alguma meta, e porque criou os homens. A humanidade aspirou a entendê-la tão profundamente quanto lhe foi possível.

Os antigos cientistas compartilharão seu conhecimento da Natureza. Os cabalistas, de sua parte, farão o mesmo com os cientistas. A Cabala estuda o sistema que governa nosso mundo. Sua principal tarefa é explicar as causas e metas da Criação.

Obviamente, não me refiro ao que hoje em dia esta sendo vendido como " Cabala", capitalizando sua popularidade. A Cabala autêntica é uma ciência séria que investiga a estrutura do universo, e que deu o conhecimento básico a muitas outras ciências. O contato entre os cabalistas e os antigos filósofos deu lugar à filosofia antiga, convertendo-se na origem da ciência.

Johann Reuchlin escreve no seu livro de Arte Cabalística : " Meu professor Pitágoras, o pai da filosofia, aprendeu com cabalistas..., ele foi o primeiro que traduziu a palavra Cabala , desconhecida por seus contemporâneos, à filosofia grega .... A Cabala não nos deixa viver nossas vidas sem sentido, mas eleva nossa mente à altura do conhecimento".

Durante muitos séculos, a Cabala tinha permanecido como um ensinamento oculto, uma sabedoria secreta, dando lugar a numerosas lendas e inverdades a seu respeito, as quais desconcertam até hoje a qualquer pessoa que trata de identificar as fontes verdadeiras.

Em particular, o grande matemático e filósofo, Leibnitz, escreveu sobre isso em seu livro Hauptschriften zur Grundlegung der Philosophie: "Duvido de que o homem não tenha a chave do segredo, a sede pela sabedoria finalmente se reduziu a toda classe de trivialidades e superstições que trarão consigo uma espécie de 'Cabala vulgar' que tem pouco em comum com a verdadeira Cabala, assim como várias fantasias sob o nome falso de magia, e isto é o que enche os livros".

A filosofia assimilou uma parte da Cabala e a dirigiu numa direção diferente. Deu lugar às ciências modernas que investigam nosso mundo material e suas leis dentro da moldura dos fenômenos percebidos por nossos cinco sentidos.

Enquanto isso, os antigos ensinamentos, incluindo a Cabala, permaneceram fora do interesse dos investigadores. Tudo que a ciência foi incapaz de entender, e que ficou para ela inacessível, caiu dentro do reino das religiões, rituais, e costumes. Os ensinamentos antigos foram gradualmente esquecidos!

A ciência e a religião são dois caminhos paralelos com os quais a humanidade vem investigando o mundo, tratando de entender o lugar do homem e suas possibilidades, e de definir o objetivo e significado da existência. Sem mais, os dois caminhos fizeram com que a humanidade se afastasse do rumo de alcançar a Forca Governante Superior, de vincular-se a ela. O homem estuda a natureza não com a finalidade de entender o que ela quer dele e, portanto mudar, senão para modificar e conquistar a Natureza pelo próprio egoísmo humano.

As crises em todos os campos da atividade humana, da ciência aos problemas pessoais, nos levam às mesmas e eternas perguntas sobre o sentido e o objetivo da vida. Estamos nos dando conta cada vez mais de que nada sabemos sobre a Natureza, o processo governante, e o propósito da existência.

Os problemas nos conduzem a aceitar a existência da Grande Sabedoria, do Plano Superior na Natureza. Visto que a ciência é incapaz de responder às nossas perguntas, isso nos obriga a tratar de encontrar a verdade na religião, crenças e misticismo. A crise externa nos conduziu a uma crise interna, e ficamos confusos neste mundo.

O exaustivo interesse por esses ensinamentos, em explicar nossas vidas, não por meio de investigação cientifica, mas utilizando todo tipo de métodos "celestiais" que floresceram durante os últimos trinta anos, está agora desaparecendo diante de nossos próprios olhos.
De todas as idéias errôneas dos seres humanos, a humanidade, todavia tem que provar e rechaçar, e finalmente, esquecer alguns sistemas de crenças restantes.

Atualmente, vivemos numa época na qual, através do misticismo, a humanidade esta redescobrindo as verdadeiras sabedorias antigas. A ciência da Cabala, que se revelou nos últimos anos, deve desempenhar um papel fundamental neste processo.

A Cabala apareceu há aproximadamente 5.000 anos , na Mesopotâmia, o berço da civilização, e dos antigos ensinamentos. Foi então que a humanidade os descobriu, e os esqueceu até nossos dias. Agora estão sendo novamente redescobertos. Não é coincidência que onde uma vez era a antiga Mesopotâmia, agora é o centro do choque moderno das civilizações.

A evolução do egoísmo do homem determina, define, e de fato desenha a história completa da humanidade. O egoísmo em desenvolvimento estimula os seres humanos a estudar o meio ambiente para poder materializar seus crescentes desejos egoístas. Ao contrário do reino inanimado, vegetal e animal do nosso mundo, os humanos evoluem sem parar a cada geração, e isso acontece em cada individuo durante sua breve existência.

O egoísmo humano evolui em cinco níveis de intensidade. Na antiguidade, o homem não era suficientemente egoísta para se opor à Natureza . Percebia a Natureza e tudo que a rodeava, e a sensação de reciprocidade era a forma de comunicação com ela. Em muitos aspectos isso era feito em silêncio, como na telepatia, num certo nível espiritual. Este modo de comunicação ainda pode ser encontrado entre povos indígenas.

O primeiro nível de desenvolvimento egoísta provocou uma revolução na humanidade. Este criou um desejo de mudar a Natureza em benefício do homem, em vez do homem mudar para se parecer com ela.
Metaforicamente, isto é descrito como um desejo de construir uma torre que alcance o céu para dominar a Natureza.

O desenvolvimento do egoísmo arrancou o homem da Natureza. Em vez de corrigir sua crescente oposição a ela, o homem se atreveu a imaginar que podia chegar ao Criador egoistamente, não através da correção do ego, mas dominando tudo.

Assim, o homem colocou seu "eu" em oposição ao ambiente, oposto à sociedade e às leis da existência, em vez de ver os outros como similares e próximos, e a natureza como um lar.
O ódio substituiu o amor; as pessoas se afastaram umas das outras, e a única nação do mundo antigo foi dividida em dois grupos, os quais se bifurcaram em Leste e Oeste.
Consequentemente, cada grupo se dividiu em muitas nações, e hoje, estamos novamente testemunhando o começo de uma aproximação e de uma reconexão rumo a uma só nação.

A Torah descreve isso alegoricamente (Gênesis, 11:1-8) da seguinte maneira: "E em toda a terra havia uma só língua e um só discurso. E aconteceu, quando viajaram a Leste, encontraram um vale na terra de Shinar; e ali se estabeleceram... e disseram; "Vamos, edifiquemos uma cidade, e uma torre com seu teto no céu e ficaremos famosos, por medo de sermos dispersos no estrangeiro sobre a face de toda a terra". E o Senhor desceu para ver a cidade e a torre que os filhos dos homens construíram. E o Senhor disse: " Contemplai, aí está um só povo, e todos falam a mesma língua; e foi assim que eles começaram a fazer; e agora nada lhes será impossível realizar. Vamos, desçamos e confundamos sua língua, para que não possam entender a língua uns dos outros. Então o Senhor os dispersou no estrangeiro, sobre a face de toda a terra; e deixaram de construir a cidade".

Flávio Josefo escreveu que Nimrod incitou o povo a desafiar o Criador. Os aconselhou a construir uma torre mais alta do que o nível onde as águas pudessem se elevar, caso o Criador causasse novamente uma inundação, e assim se vingariam do Criador pela morte de seus antepassados.
Sem poupar esforço algum e entusiasmo, começaram a construir uma torre. Ao ver que o povo não se corrigiu depois da lição da inundação, o Criador os fez falar muitas línguas. Consequentemente, não se entendiam mais uns aos outros e se dispersaram. O lugar onde a torre foi construída foi chamado de Babilônia, por haver sido o lugar onde as línguas se misturaram em vez do único idioma que antes existia.

No começo do século 20, um arqueólogo alemão, Robert Koldewey, descobriu na Babilônia as ruínas da torre de uma dimensão equivalente a 90 x 90 x 90 metros. Por sua vez, Heródoto (aproximadamente 484-425 AEC) descreveu a torre como uma pirâmide do mesmo tamanho com 7 níveis.

As fontes históricas dizem que no centro da Babilônia se encontrava o templo da cidade de Esagila, e perto, o templo da divindade suprema, Marduk, a torre de Babel. Foi chamado Etemenanki, que significa a pedra angular do céu e da terra.

Naquele tempo, Esagilo era o centro religioso do mundo na luta contra a religião monoteísta. A astrologia, os signos do Zodíaco e os horóscopos, a adivinhação, o misticismo numerológico, o espiritualismo, a magia, a bruxaria, os encantos, o mau olhado, a invocação de espíritos maus, todos esses foram desenvolvidos em Esagilo. Estas crenças ainda persistem, e em particular hoje somos testemunhas de sua erupção total.

ESTADO MUNDIAL E SOLUÇÃO

Não escapa a ninguém que a humanidade atravessa uma crise generalizada cada vez maior.

Depressão, drogas, desintegração da família, terrorismo, sistemas sociais insustentáveis, a ameaça do uso de armas nucleares, e catástrofes ecológicas, são todos os sinais. O novo livro do Professor Ervin Lazslo, The Chaos Point (O ponto do Caos) apresenta uma descrição muito clara e informativa sobre a crise global.

O risco crescente da utilização de armas nucleares que ameaça a existência de toda a humanidade é um perigo iminente. Muitos cientistas acreditam que a humanidade não tem muito tempo para prevenir a escalada de uma guerra mundial termonuclear ou de catástrofe ecológica global.

Ainda que os sinais da crise sejam evidentes, por lei, sua existência e deterioração são ocultadas pelos governos, organizações sociais, cientistas, sociólogos e psicólogos. A razão de fazer isso de maneira deliberada está no fato de que aqueles que a escondem não têm meios para corrigir a situação atual. Assim a política de ostracismo simplesmente agrava o problema e acelera a aproximação da catástrofe.

Um provérbio do sindicato dos médicos diz que um diagnóstico exato é metade da cura. O fato de ocultar a nossa doença e de subestimar sua gravidade constitui uma ameaça direta à vida.

Mesmo que o principal problema da civilização seja superar a crise geral, para resolvê-la é preciso antes solucionar o grave problema de explicar a situação ao publico. Se este compreende a razão da crise, isto em si facilita a solução. Hoje em dia, muitas pessoas ainda buscam uma saída no progresso científico tecnológico, cultural e social, esquecendo que ao confiar neles, com o propósito de progredir foi justamente o que nos trouxe, em primeiro lugar, ao infeliz estado atual.

Para prevenir uma escalada maior da crise, deve-se:

1. Reconhecer a sua existência.

2. Descobrir suas causas.

3. Observar a existência de uma alternativa e da possibilidade de resolver a problemática.

4. Traçar um plano para resolvê-la.

5. Executar o plano.

Lamentavelmente, não apenas a humanidade e a sociedade se encontram num estado crítico: junto a nós, toda a Natureza está se aproximando à uma catástrofe. Portanto, para compreender a origem da crise devemos analisar os rudimentos da própria Natureza.

O ALTRUÍSMO E O PRINCÍPIO DA VIDA

O altruísmo se define como o zelar pelo bem estar do próximo. A investigação sobre o altruísmo revela que não só ele existe na Natureza, mas que ele é a base fundamental da existência de cada ser vivo.

Um objeto vivo é aquele que recebe do seu ambiente e lhe outorga. Todo organismo vivo compreende uma combinação de células e órgãos que trabalham juntos e se complementam entre si em perfeita harmonia. Nesse processo, estão obrigados a conceder, influenciar e ajudar-se mutuamente. A lei da integração da célula e órgão de acordo com o principio altruísta de "um para todos" opera em cada organismo vivo.

Em compensação, a essência de toda matéria constitui diferentes medidas do desejo a ser satisfeito com poder, vitalidade e prazer. A intensidade deste desejo cria vários níveis na Natureza: inanimado, vegetativo, animado, e humano. A intensidade do desejo determina, além disso, que cada processo dentro desses níveis constitui e forma cada fenômeno deste mundo que existe antes de nós.
Cada nível superior é uma manifestação de um desejo maior e contém todos os níveis anteriores.

Através da realização da unidade da Natureza segundo o princípio de "um para todos", começamos a perceber a peculiaridade do fenômeno humano e seu lugar no mundo.
A peculiaridade dos humanos, comparada ao resto da Criação, radica-se não apenas no poder e na natureza dos desejos humanos como também no fato de que os desejos humanos mudam e evoluem continuamente. Assim, esses são a força motivadora que estimula e faz evoluir a civilização.

Com exceção dos humanos, toda a Natureza consome apenas aquilo que necessita para seu sustento. Os seres humanos desejam mais alimento, mais sexo e mais comodidade física do que necessitam para seu sustento. Esse estado é especificamente certo com respeito aos desejos unicamente humanos, na busca (sem fim) de riqueza, poder, honra, fama e conhecimento.

Os desejos que são necessários para a existência não são considerados egoístas, mas sim naturais, já que são ditados pela Natureza. Estes desejos estão presentes no inanimado, vegetativo, animado assim como nos humanos. Só os desejos que excedem aquilo que e necessário para a existência, são considerados egoístas.

Os únicos desejos que podem ser catalogados como altruístas são os desejos humanos, ainda que isto seja determinado pelo uso que fazemos deles, se de fato são altruístas ou egoístas.

Além do fato que os desejos humanos crescem espontaneamente, estes incorporam prazer ao humilhar e ver o sofrimento dos outros. Estes desejos não fazem parte de nossa natureza, mas são implantados em nós através da educação e do ambiente social.

O contínuo desenvolvimento desses desejos indica que não acabamos a nossa evolução, quer dizer, que ainda não conseguimos usá-los de maneira altruísta.
Portanto, atualmente isto está criando uma grande crise simultânea ao progresso.

Como já foi mencionado antes, todas as forças da Natureza, com exceção do ego humano, estão em equilíbrio, formando um só sistema, e o homem é o único que perturba essa harmonia. Tudo na Natureza está conectado e aspira alcançar o equilíbrio dentro de si e ao seu redor. A violação do equilíbrio conduz a uma desintegração do organismo, doença, e inevitavelmente à morte. A possibilidade de manter e restaurar o equilíbrio é uma condição necessária para a existência da vida.

SURGIMENTO DE UM CONFLITO

De toda a Natureza apenas os seres humanos se relacionam com outros com intenções maliciosas. Nenhuma outra criatura faz danos, degrada, explora outras criaturas e sente prazer em oprimir e causar aflição aos demais. O uso egoísta dos desejos humanos, com a intenção de se auto-elevar às custas dos outros, conduz a um desequilíbrio perigoso do mundo em volta. O egoísmo humano é a única força destruidora que existe; portanto, o mundo não poderá persistir a menos que mudemos o nosso enfoque egoísta em relação à sociedade.

O egoísmo de uma parte leva à morte do todo. Se uma célula num organismo vivo começa a relacionar-se de maneira egoísta com outras células, ela se torna cancerosa. Tal célula começa a consumir células ao seu redor, não se importando com elas e com as necessidades de todo o organismo, e assim, eventualmente o corpo todo morre, incluindo ela mesma. O mesmo ocorre com o egoísmo humano em relação à Natureza: o desenvolvimento para si mesmo, separado do resto da Natureza, não como parte integral, esse egoísmo leva tudo à morte, incluindo a si mesmo.

As células podem existir, desenvolver-se e multiplicar-se somente ao interagir com um todo. A lei da interação altruísta funciona em cada ser com exceção dos humanos. Aos humanos foi dado o livre arbítrio para perceber completamente a necessidade do altruísmo e manter voluntariamente esta lei compreensível da Natureza.

A globalização e a evolução da sociedade humana nos obrigam a ver o mundo como um todo compreendido por opostos. A investigação do mundo circundante revela a interconexão entre todas as suas partes, seu desenvolvimento de causa-efeito, e o propósito de suas ações.

A perfeição do mundo baseia-se na unidade de seus elementos; se realiza só por meio da coexistência de todas as partes da Natureza, enquanto que cada parte trabalha para sustentar todo o sistema.

Como já foi previamente mencionado, salvo no caso dos humanos, toda a Natureza cumpre estritamente a sua predestinação. Portanto, é evidente que o principal problema da humanidade é tornar-se parte integrante da Natureza e atuar como um só organismo. Quer dizer, a tarefa primordial é equilibrar os desejos excessivos de cada pessoa, convertendo-os em altruístas.

O PRAZER DURADOURO SÓ PODE RADICAR NOS DESEJOS ALTRUÍSTAS

O prazer só e sentido no momento do contato entre o desejo e sua satisfação.
Do momento que o prazer satisfaz o desejo, este último desaparece, porque recebeu aquilo que queria. Consequentemente, o prazer desaparece simultaneamente ao desejo.

Assim, quanto maior o desejo, a pessoa se sente mais vazia ao satisfazê-lo. Esse vazio e incapacidade de satisfazer nossos desejos nos obrigam constantemente a buscar novas formas de satisfação e a esgotar nossas vidas neste estado até que nos extenuemos totalmente.

A solução para essa " confusão" se encontra na satisfação altruísta. Na satisfação altruísta, o espaço preenchido é diferente do desejo, porque no altruísmo a pessoa sente prazer em agradar outros. O prazer está no próximo, e consequentemente, não neutraliza meu próprio desejo; dessa maneira, quanto mais agrado aos outros, mais sinto prazer. Este modus operandi é o princípio de receber o prazer eterno que todos tanto desejam.

UM CAMINHO CURTO E UM CAMINHO COMPRIDO PARA A CORRECÃO DA CRISE

A pessoa chega a compreender que o egoísmo é o caminho do mal, seja pelo caminho do sofrimento ou mediante uma trajetória mais curta de correção. Além disso, o caminho do sofrimento não é um caminho, senão simplesmente a extensão de tempo requerido para a compreensão de todas as horríveis conseqüências da teimosia e egoísmo.

De qualquer maneira, assim que se acumulou bastante sofrimento, a pessoa se dá conta que o benefício da correção é maior do que o sofrimento e se esforça para mudar. Assim, em vez de seguir o caminho comprido, existe um curto e fácil para a correção.

Em outras palavras, podemos obter um conhecimento sobre a estrutura do mundo, sua causalidade e propósito, antes de enfrentarmos a aflição. E assim, aceleramos a compreensão de que o egoísmo é o mal, evitando assim a necessidade de perceber o mal que existe no egoísmo, pressionados pela aflição.

Apesar de isto fazer parecer como se fôssemos livres para fazer aquilo que queremos, na verdade, nós apenas seguimos as ordens de nossos genes e aderimos à influência do ambiente social. Essas influências e ordens determinam todos nossos valores, mostrando-nos quão proveitoso é sermos poderosos e prósperos. Trabalhamos duro durante nossos curtas vidas só para ganhar o reconhecimento da sociedade dependendo do quanto somos bem sucedidos para manter seus valores. Afinal de contas, não vivemos para nós mesmos em absoluto, senão que nos esforçamos para agradar a nossos filhos, nossas familiares, nossos conhecidos, e a sociedade em geral.

Portanto, para corrigir, devemos mudar os valores sociais, os parâmetros que estabelecem e suas definições de êxito. Nesse sentido, claramente, para ter êxito em resolver a crise, dependemos da mudança de valores da sociedade. Dessa maneira, se quisermos evitar o sofrimento e a destruição e chegar a uma nova civilização de maneira fácil e rápida, devemos disseminar o conhecimento em relação à crise, sua causa e sua correção.

De acordo com os cientistas, os altruístas representam 10 % da humanidade. Esta percentagem é constante na sociedade, está geneticamente condicionada e existe independentemente de condições externas, tais como influência da família, da educação e da sociedade. Os altruístas não desaparecem: o gen que determina essa característica está escondido dentro da pessoa e não pode ser destruído.

Apesar de 90% das pessoas da sociedade serem egoístas, a cultura, a ciência, a arte, a religião, a ética, a lei, e a educação, todas são baseadas totalmente nos conceitos dos 10% altruístas da sociedade. Isto se deve ao fato de que o comportamento altruísta é benéfico para todos.

O altruísmo governa a educação: as escolas nos ensinam a atuar de acordo com esse parâmetro; dizem-nos para sermos honestos, aplicados, respeitosos com os demais, dividir com os outros o que temos, sermos amáveis e amar aos nossos semelhantes. Tudo isso acontece porque o altruísmo é proveitoso para a sociedade.

A funcionalidade das leis dos organismos vivos nos ensina que a existência destes depende do trabalho cooperativo entre todas suas partes. Os altruístas inatos se envolvem naturalmente em ações de ajuda ao próximo; todavia, para os egoístas tais ações parecem totalmente impossíveis.

As células de cada organismo coexistem de maneira altruísta - apesar de sua natureza egoísta - devido a seu conhecimento da lei dos organismos vivos. Da mesma forma, a percepção dos benefícios do comportamento altruísta está presente na sociedade humana egoísta. Ninguém no mundo se opõe ativamente as ações altruístas. Ao contrário, todas as organizações e personalidades difundem sua participação em atividades desse tipo e se orgulham delas. Ninguém se opõe à disseminação de idéias altruístas no mundo. Portanto, evidentemente, um dos fatores decisivos em trazer a humanidade, fácil e rapidamente, à nova civilização. depende das organizações que se dedicam a esta tarefa e à difusão de sua mensagem.

PLANO PARA RESOLVER A CRISE

O objetivo das forças altruístas é formar valores dessa índole na sociedade. Os meios para modificar nosso comportamento de egoísta para altruísta é mudar nossas prioridades e escala de valores. Precisamos nos convencer de que a doação à sociedade é muito mais importante e valiosa do que receber dela. Em outras palavras, cada pessoa deve chegar a sentir satisfação muito maior do resultado de dar à sociedade do que uma aquisição egoísta.

A opinião pública é o único meio para facilitar essa meta porque a coisa mais importante para uma pessoa é a aprovação da sociedade. Os seres humanos são feitos de tal forma que receber empatia da sociedade é o propósito de suas vidas.

Este elemento é tão intrínseco que ninguém confessa que o propósito de cada ação é receber a estima da sociedade. A questão sobre a nossa motivação para realizar ações nos pega desprevenidos. É provável debatermos sobre o motivo, ter curiosidade, incluindo o dinheiro, mas não admitiremos qual é o verdadeiro incentivo, o reconhecimento da sociedade!

Como se mencionou previamente, os humanos são feitos de tal forma que o ambiente humano determina todas as nossas predileções e valores. Nós estamos completa e involuntariamente controlados pela opinião publica. Esta é a razão pela qual a sociedade pode inculcar nos seus membros qualquer tipo de comportamento e qualquer valor, inclusive o mais abstrato.

Um bom exemplo do poder da sociedade é o atual sistema de consumo de bens. Assim a sociedade, sistematicamente, se envolve em criar valores artificiais e modas, levando desta maneira a um maior consumo.

Para permitir a formação de valores altruístas na sociedade humana, sua parte altruísta deve unir-se e influir nos meios de comunicação em massa, instituições educativas, assim como em diversas classes e organizações sociais.

O público deve ter conhecimento a respeito do seguinte:

- as propriedades do mundo e sua totalidade (integridade), o propósito e o programa;

- a essência da crise;

- a causa da crise: a natureza egoísta da humanidade;

- e a possibilidade de superá-la somente através da mudança da natureza humana.

O perigo de uma situação critica exige que a humanidade - sem o medo de autodestruição - exalte o valor máximo do altruísmo utilizando os meios massivos de comunicação e todos os outros meios possíveis. Uma contínua e decidida formação da opinião publica fornecerá a cada pessoa o ambiente que a empurre a outorgar para a sociedade.

A modificação das tarefas da sociedade requer a mudança dos sistemas educacionais e de planos, começando muito cedo. Além disso, exigirá transformações cardinais em todas as áreas de educação e cultura. Todos os métodos de comunicação terão que elogiar e valorizar os eventos de acordo com o seu beneficio para a sociedade, assim como criar um ambiente de doação em relação a ela. Com o uso de cada um dos meios massivos de disseminação, publicidade, persuasão e educação, a nova opinião pública deve, aberta e decididamente, denunciar as ações egoístas e exaltar as ações altruístas como sendo o valor mais apreciado.

Através da influência decidida do ambiente, todos aspirarão a receber da sociedade unicamente o necessário para o seu sustento e não medirão nenhum esforço para beneficiá-la, a fim de receber o reconhecimento da mesma.

No principio, todos trabalharão para ajudar a sociedade sob a pressão e influência do ambiente. Mas o apoio e reconhecimento das ações por parte dela dariam uma satisfação tão completa que as pessoas começarão a valorizar o ato de outorga à sociedade como o valor máximo e único, ainda que sem a recompensa do ambiente por cada ação de doação. Este processo elevará o nível de consciência humana ao nível da nova civilização. Graças às atividade das forças altruístas no mundo, ela será conduzida ao equilíbrio com a Natureza. A humanidade receberá o apoio necessário para a redução significativa dos sintomas da crise. E, então se produzirá uma transformação positiva e total que se manifestará na ecologia, na sociedade e em todos os campos da vida.

Parte II

O PAPEL DE ISRAEL

A primeira parte deste livro explora tanto a crise global como a pessoal, suas causas e suas soluções. No entanto, não podemos ignorar alguns aspectos especiais do Estado de Israel e da vida de cada um de seus cidadãos. É sempre surpreendente ver que um estado tão pequeno atrai tanto atenção a nível mundial, e está continuamente no centro de lutas colossais.

Os israelenses estão se dando conta de que, em sua própria terra, a segurança pessoal e nacional estão se convertendo num sonho que se evapora, desvanece cada vez mais a cada ano que passa. Hoje em dia, a vida em Israel está acompanhada de um medo constante: existem abrigos antiaéreos em cada esquina, cada apartamento deve, por lei, ter uma "quarto de segurança" construído de concreto armado, e um pessoal de segurança nos registra na entrada de cada lugar público. De fato, ao longo de sua existência , Israel sempre tem estado em guerra. Somente as suas fronteiras mudam sua natureza.

Atualmente, na era de armas de destruição massiva, junto com o crescente desejo de nossos vizinhos para destruir-nos, nossa própria existência está em jogo. O povo se encontra em seu ponto alto de tensão nervosa. De acordo com um inquérito publicado na véspera de Yom Kippur (Dia do Perdão) em 2006, "Mais de 50% dos residentes do Estado de Israel estão ansiosos a respeito da própria existência do Estado. Dois terços pensam que é possível que ocorra um ataque surpresa contra Israel, tal como aconteceu no Yom Kippur de 1973, e 70% não confiam na atual liderança política e militar".

Ademais, não somente estamos falando de nos darmos bem com o mundo, mas que também parece que estamos divididos internamente mais que qualquer outra nação. Estamos separados em setores que são hostis uns aos outros.

Porque está assim? Há algo de especial em nós? Estamos condenados a sofrer sempre mais que todos os outros? Por que não nos é permitido viver nossas vidas em paz? Por que os olhos do mundo estão sempre postos sobre nós? Nesta parte do livro esclareceremos o lugar de Israel no "mapa humano" e veremos se há alguma saída deste estado sombrio e pouco promissor. Para fazê-lo, nos inclinaremos sobre a autêntica sabedoria da Cabala. Para tanto, antes de começar, estudamos a origem desta sabedoria, daquilo que ela trata, e como se conecta com a realidade atual.

A HUMANIDADE E A SABEDORIA DA CABALA

O homem sempre buscou meios de encontrar a felicidade. Numerosos ensinamentos, velhos e novos, tentam prová-lo. Mesmo assim a humanidade continua sofrendo.

Nenhum dos métodos, que a humanidade desenvolveu através da história, produziu a desejada felicidade; portanto, hoje em dia a gente está perdendo o interesse neles.

É nesta época de confusão que um método, até agora oculto, veio à superfície. Através da história, seus possuidores o mantiveram oculto ao olho público. Tampouco atrai o público em geral, mas atualmente está irrompendo como o centro da agenda pública, e pessoas através do mundo, de todas as nações, raças e nacionalidades o estão seguindo. Este ensinamento é a sabedoria da Cabala.

Milhões ao redor do mundo têm a sensação, de que, ao usar este método, receberão as respostas de como serem felizes. Isto cria uma forte atração para as pessoas hoje em dia. Não obstante, as pessoas, ainda que em sua maioria, não entendem o ensinamento do método, sentem no fundo de seu ser que lhes dará a resposta. Assim, estão dispostos a explorar o que a Cabala oferece.

Para entender o que tem provocado a expansão desta sabedoria em nível mundial, devemos remontar ao berço da humanidade, a antiga Babilônia, Mesopotâmia. Foi ali que foi iniciado o processo que está sendo completado nestes dias, um processo que está atraindo as pessoas para a Cabala.

A sabedoria da Cabala explica que a evolução da humanidade é essencialmente o desejo de desfrutar. Este desejo evolui de geração em geração e nos impulsiona a satisfazê-lo.

A primeira vez que apareceu no ser humano um desejo por algo além do desejo de existir foi 5767 anos atrás (de acordo com o calendário hebreu e a data da escritura destas linhas no ano 2006). Apesar de muitas gerações precederam Adão, ele foi a primeira pessoa em quem apareceu o desejo de compreender a Natureza coletiva. Não é coincidência que seu nome foi Adam, porque se deriva das palavras Adamme la Elyon - "Semelhante ao mais Alto" (Isaías 14:14). Foi chamado Adam por seu desejo de transcender suas qualidades e chegar a ser semelhante à qualidade altruísta da Natureza. Adam transmitiu à sua descendência aquilo que havia descoberto. O livro Raziel ha Mal'ach (o Anjo Raziel), é atribuído a ele.

O dia em que Adam descobriu o mundo espiritual se chama "o dia da criação do mundo". Este foi o primeiro contato da humanidade com o mundo espiritual, e é por isso que o calendário hebreu começa nesse dia.

De acordo como o plano da Natureza, a humanidade conseguirá um equilíbrio com a natureza, inclusive, a correção final do ego humano, no decurso de 6.000 anos a partir daquele ponto. É por esta razão que se escreveu que "o mundo existe há seis mil anos" (Talmude Babilônico, Sanedrin, 97:71). Durante esses anos, o ego humano crescerá de maneira gradual, levando a humanidade a dar-se conta que este deve ser corrigido.

Este processo ajudará a preparar a humanidade para que tenha a capacidade de assimilar o método de correção e fazê-lo funcionar.

Algumas gerações depois de Adão, a humanidade se concentrou em volta da antiga Babilônia, e foi ali que brotou o primeiro surto de egoísmo. Como resultado, as pessoas começaram a querer dominar a Natureza, e explorar tudo para seu benefício.

Esta explosão de egoísmo foi descrita alegoricamente como a construção da Torre de Babel: "Venham, construiremos uma cidade, e uma torre, com seu teto no céu" (Gênesis, 11:4). Todavia, o complô dos babilônios falhou porque é impossível satisfazer o ego completamente.

À medida que seus egos cresceram, se separaram uns dos outros. Antes, o povo de Babel vivia como um só povo. Mas uma vez que o ego começou a "dialogar", deixaram de se entender mutuamente. Este momento é conhecido como "a evolução de diferentes idiomas". Assim, o ódio os separou, e se dispersaram pelo mundo todo.

Todavia, um desses babilônios, um homem chamado Abrão, teve o desejo de conhecer o segredo da vida, junto ao crescimento do ego. Foi o mesmo desejo que apareceu em Adão.

Até este ponto, Abrão estava ajudando seu pai a construir ídolos e a vendê-los. Mas quando ele começou a sentir que os ídolos já não satisfaziam seu crescente desejo, começou a procurar forças superiores. Esta história simboliza a sensação de Abrão de que estava idolatrando cada desejo egoísta que ele tinha, reverenciando seu desejo e submetendo-se ao seu domínio.

Desta forma, Abrão começou a sentir que tal vida não levava a nada, como a vida de um objeto inanimado. Sentia que se queria transcender a uma vida mais evoluída, teria que "quebrar os ídolos"; quer dizer, tratar de fugir do domínio do ego.

Quando o fez, descobriu a força inclusiva da Natureza, a que chamou "Deus", que na Gematria (método de utilização de letras hebraicas como números) é igual "a Natureza".

Abrão reconheceu que a força da Natureza exige que todas as pessoas cheguem a um equilíbrio com ela, e que o desequilíbrio é a fonte de todo sofrimento.

Quando continuou sua busca, descobriu que o ego está formado por 613 desejos, cada um dos quais deve ser adaptado à lei geral da Natureza que é a lei do altruísmo. Em outras palavras, em todos seus desejos, o ser humano deve alcançar o estado de "Ama ao teu próximo como a ti mesmo", e servir aos demais.

Quando corrigimos cada um desses desejos, ao usá-los de maneira altruísta em vez de egoísta, a Cabala chama isso de "cumprir Mitzvot" (cumprir os Mandamentos).
Isto se refere a mudar a intenção com a qual usamos nossos desejos, não a nenhuma ação física.

O método para alcançar equilíbrio com a Natureza, além do ego, foi descoberto por Abrão. Se chama "a sabedoria da Cabala". O Sefer Yetsira (O livro da Criação) é também atribuído a ele.

Abrão começou a comunicar esta sabedoria ao seu povo, os antigos babilônios. Está escrito que "Abrão, o Patriarca, os levaria pra sua casa, lhes daria comida e bebida, e os aproximaria". (Bereshit Raba 84:4). Todavia, a maioria do povo não se interessou em corrigir seus egos.

Mas, depois que Abrão e sua esposa Sara, fizeram grandes esforços para ensinar o método de correção, conseguiram organizar um grupo de pessoas que se tornaram no primeiro grupo de cabalistas na história da humanidade. Este grupo recebeu o nome de " Israel".

A partir daí, o desenvolvimento da humanidade foi dividido em duas vias: a dos cabalistas e a do resto da humanidade. Na medida em que o ego continuou crescendo, tanto entre os cabalistas como no resto da humanidade, ele evoluiu de maneira muito diferente em cada um desses grupos. Os cabalistas se esforçaram em manter o equilíbrio com a Natureza acima do crescimento do ego, enquanto que o resto da humanidade procurou novas maneiras para satisfazer seus egos.

De geração em geração, a humanidade alcançou melhores resultados. As pessoas continuaram acreditando que em breve alcançariam sua máxima satisfação. Todavia, elas ficaram mais vazias do que antes de ter tido a nova esperança, até que hoje em dia, o ego chegou ao seu grau definitivo (final). Para tanto, muitos têm sentido que o desenvolvimento do ego, durante milênios, gerou somente impotência e uma crise geral, global.

Compreende-se que isto coloca a humanidade na mesma posição que ocupou na Babilônia.
Mas desta vez a humanidade, que se dispersou através do globo e se reproduiu em milhões de pessoas, está pronta para ouvir. Agora, chegou o momento oportuno para absorver o método fundado por Abrão, conhecido por ensinar a todos como usar seus egos corretamente, como conseguir o equilíbrio com a Natureza, e como sentir-se igual à Natureza inteira: eterna e completa.

Até a pouco, os cabalistas foram obrigados a ocultar este método ao mundo. Tinham que esperar até que o ego chegasse ao seu grau Máximo, um nível em que a humanidade perderia a esperança de encontrar satisfação. Esperaram o momento em que as pessoas necessitem de um método de correção, e sentir que de todos os ensinamentos, a cura de todos os males poderia ser encontrada especialmente dentro da sabedoria da Cabala.
Para isso, agora que essas condições foram cumpridas, os cabalistas, que sigilosamente ocultaram o método no passado, o estão abrindo a todos.
Isto completa o ciclo histórico, e toda a humanidade como um só corpo, pode agora alcançar o equilíbrio com a Natureza.

Num manifesto chamado "O Corno do Messias", Baal Ha Sulam disse que para salvar o mundo imediatamente de sua situação depende somente de disseminar o método correção: "Somos uma geração que se encontra no limiar da redenção, se somente soubermos como difundir a sabedoria do oculto para as massas." .

Ele enfatiza que a sabedoria da Cabala deve ser levada a todos, e a compara com a voz do Shofar (corno de cordeiro utilizado como trombeta em várias festividades judias): "A disseminação da sabedoria nas massas é chamada Shofar". E como o Shofar, cujo som viaja a uma grande distância, assim o eco da sabedoria se difundirá através do mundo.

O Nascimento do "Povo de Israel"

Para que surja, atualmente, o método de correção e que conduza o mundo ao equilíbrio com a Natureza, ele teve que ser transmitido e desenvolvido de geração em geração. Num processo que começou no mesmo grupo de cabalistas que Abrão iniciou, e se estendeu através de milhares de anos.

Depois do uso do método de Abrão por varias gerações, o ego intensificado apareceu também no seu grupo. Neste estado, e para poder tolerar o novo egoísmo, era necessário um nível mais elevado do método, a fim de conseguir o equilíbrio com a Natureza.

Quem transmitiu este novo método foi Moisés, o grande cabalista desse tempo. Moisés tirou seu povo do Egito, fora do domínio do novo ego e lhes ensinou a ser "como um homem com um só coração", como partes de um único corpo. Devido ao seu tamanho, este grupo já foi chamado "um povo", ou "uma nação", mesmo que geneticamente fez parte do povo dos antigos babilônios ao qual pertencia Abrão, tal como a ciência o confirma hoje.

O método de Moisés de conseguir o equilíbrio com a Natureza foi uma continuação do método de Abrão, e se chamou "A Torah". Este não se refere à Torah (Pentateuco) como um documento histórico, tal como o conhecemos hoje, mas como um método para a correção do ego. O termo "Moisés" simboliza a força que atrai (Moshech, em hebraico) a um dos poderes do ego. O termo "Torah" vem da palavra "ensinamento" ou "luz", a força que corrige, como na "A luz nela os corrige" (Midrash Raba, Lamentações, Introdução, segundo parágrafo). A Torah também se refere ao prazer que preenche a quem corrigiu o ego.

Assim, o grupo de cabalistas continuou evoluindo. Ao implementar o método de Moisés, eles corrigiram todos os desejos egoístas que surgiram neles. E a satisfação ou luz que receberam em seus desejos corrigidos foi chamada Beit ha Mikdash (O templo, A Casa da Santidade). O Templo são os desejos corrigidos, os que agora se tornaram em uma casa plena de santidade, quer dizer, o atributo do altruísmo, a qualidade da Natureza compreensível.

Quando nasceram os filhos, foram criados pelo método de correção e conseguiram suas próprias realizações espirituais. Assim, o povo viveu dentro da sensação da Natureza comum, coletiva, até que o ego aumentou mais causando a perda dessa sensação. A perda da sensação da Natureza coletiva se chama "a destruição do Templo", e a nova designação do ego se chama "o exílio na Babilônia".

A correção do ego que irrompeu com a destruição do Primeiro Templo se chama "o retorno do exílio a Babilônia e a construção do Segundo Templo". Todavia, desta vez a nação foi dividida em dois: alguns tiveram sucesso na correção de seus egos; outros foram subjugados por estes e não conseguiram corrigi-los. O ego foi crescendo gradualmente dentro do primeiro grupo também, até que a nação inteira perdeu a sensação da Natureza inclusiva, e o povo caiu no ocultamento espiritual. Esta designação do ego se chamou " a destruição do Segundo Templo" e o mundo continuou com outro exílio, o qual seria o último.

A destruição da qualidade altruísta fez com que a nação inteira pedesse a sensação da Natureza compreensível com a exceção de alguns pouco escolhidos, os cabalistas que sobreviveram em cada geração. Longe da vista pública, esses Cabalistas continuaram desenvolvendo o método de correção para a natureza humana e adaptando-o ao crescimento do ego. Sua tarefa era preparar o método para a época em que Israel e a humanidade o necessitassem.

A EVOLUÇÃO DO MÉTODO DE CORREÇÃO

Por volta da época do último exílio, no século II da era de Cristo, O Livro do Zohar foi escrito por Rabi Shimon Bar-Yochai e seus discípulos. O livro descreve o método de correção e tudo aquilo que se descobre (experimenta) ao conseguir o equilíbrio com a Natureza. Utilizando uma linguagem de insinuações e alegorias, ele também revela cada estado que a Humanidade passará até a correção final do ego.

Deve esclarecer-se que apesar do Livro do Zohar ter sido escrito antes que o povo fosse para o exílio, estabelece-se que este livro foi descoberto somente ao final do exílio. Quer dizer, sua chegada traria consigo o fim do exílio espiritual, "... porque Israel está destinado a provar da Árvore da Vida, que é o livro do Zohar, que os tirará do exílio com misericórdia" (o Livro do Zohar Parashat Naso, item 90).

O Zohar também descreve que no final de um período de 6.000 anos destinados à correção do ego, o livro será revelado a toda humanidade: "Quando chegarão perto dos dias do Messias, até as crianças de todo o mundo serão destinadas a descobrir os segredos da sabedoria, e conhecer neles os efeitos e cálculos da redenção. E nessa época será divulgada a todos". (O Livro do Zohar, Parashat VaYira, item 460).

Assim, imediatamente depois de ser escrito, O Livro do Zohar foi ocultado. A próxima vez que o livro apareceu foi na Espanha, no século XIII. Depois no século XIV, por volta de 1,400 anos depois que foi escrito o Zohar, O Ari (Rabi Isaac Luria) apareceu em Safed, uma cidade de cabalistas no norte de Israel.

Numa linguagem sistemática, e científica, ele revelou o método de correção do Zohar. Também descreveu com muitos detalhes as fases de correção do ego, conduzindo ao equilíbrio com a Natureza inclusiva. Seus escritos contêm descrições da estrutura do Mundo Superior e explicam como alguém pode ser admitido nesta dimensão da realidade e viver dentro dela.

Todavia, devido ao fato de que o egoísmo não havia manifestado seu poder durante a época em que viveu o Ari, somente alguns puderam entendê-lo. Isto é porque uma percepção mais aguda se consegue quando o ego é mais evoluído.

Quando chega o fim do período de correção, ele traz consigo o último grau de egoísmo, as crises que criam a necessidade do método para correção do ego. Atualmente, muitos já precisam do método de correção e podem entendê-lo, coisa que muito poucos podiam fazer no passado.

Por isso, o método completo de correção está sendo revelado hoje em dia. Baal Ha Sulam (1884-1954) conseguiu interpretar o Livro do Zohar e os escritos do Ari, de tal maneira que cada um de nós possa entendê-los. No "Ensinamento da Cabala e sua Essência", ele escreveu: "Estou feliz de ter nascido numa geração na qual já e permitido tornar pública a sabedoria da verdade. E se me perguntam, "Como é permitido?" Devo responder que é porque me foi dada a permissão para revelá-la".

Entre os principais ensaios de Baal Ha Sulam se encontra o Comentário do Sulam sobre o Livro do Zohar, no qual ele traduz o Zohar do aramaico para o hebraico, e interpreta o que reflete. Também escreveu O Estudo das Dez Sefirot, no qual explica os escritos do Ari.

Além desses grandiosos trabalhos, Baal HaSulam escreveu muitos ensaios que explicam como estabelecer uma sociedade humana em equilíbrio com a Natureza. Explicou que foi capaz de fazê-lo em resposta à necessidade dessa geração contar com um método claro, sistemático de correção do ego.

"Todo meu mérito na maneira de revelar a sabedoria se deve a minha geração" ("O Ensino da Cabala e Sua Essência").

Tal como previram os cabalistas, o final do século XX viu o princípio de uma nova era da evolução humana. Hoje em dia, as massas começaram a se interessar pela Cabala. No século XVIII, O Gaon de Vilna aponta 1990 como sendo o ano em que o processo de correção massiva começaria, tal como foi escrito em seu livro Kol ha Tor (Voz da Pomba). Baal Ha Sulam mencionou o ano de l995 numa conversa com discípulos em 1945.

Não é coincidência que o interesse pela Cabala está se desenvolvendo dessa maneira. Os cabalistas explicam que se esperamos até o final dos 6.000 anos sem progredir na correção de nossos egos por nós mesmos, sofreremos tremendamente. A maioria da população mundial se extinguirá através de horrendas guerras e os poucos sobreviventes terão que levar a cabo o plano da Natureza , de qualquer maneira.

Nos textos da Última Geração, Baal Ha Sulam explica que "O Criador deu lugar e entregou à humanidade a tecnologia, até que esta inventou as bombas atômicas e de hidrogênio. E se a ruína total que está destinada a trazer ainda não é evidente para o mundo, podemos esperar por uma terceira ou quarta guerra mundial. As bombas então façam a sua parte e os vestígios, depois da ruína, não terão outra opção senão assumir o trabalho".

Em outras palavras, se dissermos "O que será, será" e simplesmente ficarmos sentados sem atuar, a Natureza nos forçará a nos corrigir através de sofrimentos horrendos no marco dos 233 anos restantes, ate o final dos 6.000 anos. Este doloroso processo se chama "no devido tempo", o qual significa, "no tempo designado". Mas o sofrimento se intensificará e aumentará até o ponto em que cada momento pareça uma eternidade, já que o tempo é um assunto psicológico. De fato, realmente podemos sentir que nossas vidas estão se tornando cada vez mais difíceis e isto e só o começo.

Todavia, no caminho da correção não há limite de tempo. Assim como os cabalistas, através do tempo, conseguiram o equilíbrio com a Natureza, qualquer um hoje em dia pode fazer o mesmo e experimentar a mesma perfeição e eternidade. Este caminho se chama "o apressar", porque acelera o tempo. De uma maneira ou outra, todos nós devemos alcançar o equilíbrio com a Natureza, e até mesmo a morte não é uma escapatória do processo obrigatório de correção.

A escolha entre os dois caminhos depende de nossa consciência, a qual evoluirá seja mediante o sofrimento ou através do escrutínio. A evolução mediante o escrutínio pode ser realizada utilizando a sabedoria da Cabala, a qual descreve nossa situação, explica até onde devemos chegar e fornece os meios para fazê-lo. Para tanto, é possível que a humanidade experimente 233 anos de insuportável sofrimento. Tal como são descritos os dias do Messias nos livros de Cabala. Caso contrário, este poderá ser feito num tempo muito mais curto com euforia sem limites. Nesta encruzilhada, o papel de Israel é crítico.

O PAPEL DE ISRAEL

Os descendentes do grupo de Abrão são o povo de Israel. Antes de discutir o papel de Israel, e importante saber que isto não se trata, em absoluto, de uma questão de nacionalismo, como Baal Ha Sulam o expressa em seu ensaio "Matan Tora" (A Entrega da Tora): "Existe, Deus não o permita, nacionalismo envolvido aqui? Obviamente, somente uma pessoa insensata poderia pensar isto". O povo de Israel não e melhor do que outras nações, mas ele tem um papel único no plano da Natureza. A humanidade é como um só corpo no qual cada um dos órgãos tem sua própria função.

Os cabalistas dizem com uma linguagem alegórica, que no começo, o método de correção foi oferecido a cada nação porque "o propósito da Criação recai sobre todos os homens de toda a raça humana, que seja branca, negra ou amarela" (Baal Ha Sulam, "A Garantia Mútua", ou "Arvut").
Todavia, quando a Torah foi outorgada, nenhuma das nações estava pronta para recebê-la; obviamente, a humanidade ainda não a necessitava. Por isso, o método foi outorgado ao povo de Israel para servir de "trânsito" para o método que finalmente seria implementado por toda a humanidade.

O povo de Israel é diferente de todas as nações. Inclui o mesmo grupo de cabalistas que Abrão estabeleceu com residentes da Babilônia. Sua tarefa é preservar o método de correção através da história da humanidade até o tempo em que todos o necessitem. Naquela época, este grupo, já chamado "o povo de Israel" poderá realizar sua função e transferir o método de correção a todas as nações.

A queda deste grupo de cabalistas sob o domínio do ego criou dentro deles um ego único e sofisticado. Isto entrou em efeito de maneira que os judeus agilizaram a evolução do mundo enquanto ainda permaneciam entre as nações.

As nações do mundo não possuíam bastante iniciativa para o progresso, e o papel dos judeus foi de encorajá-las a progredir rumo a uma evolução egoísta maior. Para tanto, os judeus encabeçaram as revoluções culturais, científicas, econômicas e tecnológicas. Estas acelerariam a compreensão de que o egoísmo somente leva o mundo a um ponto morto, e que devemos corrigi-lo. Atualmente, além de nossas consciências da necessidade de corrigir o ego, devemos aprender como implementar o método de correção.

Existem diferentes fases nesse processo. Primeiro, o povo de Israel deve corrigir-se a si mesmo e recuperar o equilíbrio com a Natureza, o qual perdeu há 2.000 anos. Para que isto ocorra, devem aprender o método de correção do qual se desvincularam, e começar a utilizá-lo. Uma vez que tenham feito isto, servirão como exemplo altruísta para toda a humanidade e cumprirão o papel de ser "Luz para as nações".

Quando a correção de Israel se transferir para o resto do mundo, a segunda fase do plano será realizada: a correção de toda a humanidade. Assim, "Quando os filhos de Israel tiverem sido complementados com a razão total, as fontes da inteligência e do conhecimento fluirão além das fronteiras de Israel e banharão todas as nações do mundo", como está escrito (Isaías 11), " A terra será repleta pelo conhecimento do Senhor" (Baal Ha Sulam, "Introdução à Arvore da Vida", item 4).

O RETORNO PARA A TERRA DE ISRAEL

O retorno do povo de Israel para a terra de Israel está determinado no plano da Natureza. Para compreendê-lo devemos entender o significado espiritual do termo "a terra de Israel". E para isto devemos entender a linguagem utilizada pelos cabalistas.

Quando conseguiram o equilíbrio com a Natureza, os cabalistas descobriram uma parte da realidade que está além do nível de percepção da pessoa egoísta. Chamamos esta parte "O Mundo Superior", ou "O Mundo Espiritual". Desde que descobriram que cada elemento do Mundo Superior desce até o nosso mundo e gera uma manifestação corporal, chamaram os elementos do Mundo Superior de "raízes", e suas manifestações no mundo corporal, "ramos".

Ao fazerem uso de palavras emprestadas do nosso mundo para descrever detalhes, forcas e funções do Mundo Superior, e baseando-se no paralelismo entre ambos, surgiu a "linguagem de raízes e ramos".

Na linguagem dos ramos, "terra" significa "desejo", e "Israel" significa Yashar El ("direto a Deus").
Portanto, "a terra de Israel" designa um desejo dirigido diretamente até alcançar a qualidade altruísta da Natureza.

As gerações que viveram na terra de Israel antes da destruição do Segundo Templo estiveram num estado de realização espiritual. Nessa época havia uma harmonia entre o grau espiritual do povo de Israel e sua presença física na terra de Israel; Portanto, Israel mereceu estar ali. Quando o povo perdeu seu grau espiritual e caiu sob a dominação dos desejos egoístas, a desarmonia entre o nível espiritual do povo de Israel e sua presença na terra de Israel, acabou por provocar a destruição do Templo e o exílio da terra de Israel.

Enquanto que no passado, seu declive espiritual precedeu o exílio do povo de Israel, indo viver entre outras nações, atualmente a situação se inverteu. O retorno físico do povo para a terra de Israel antecedeu seu regresso espiritual, porém a harmonia entre a raiz espiritual e o ramo corporal deve ser reconstruída. O Povo de Israel deve ascender pelo mesmo caminho do qual havia descido previamente, mas em sentido oposto: primeiro, o retorno físico, e depois o retorno espiritual.

Por isso, o povo de Israel está obrigado a alcançar o grau espiritual da "terra de Israel", e é por isso que o método de correção está sendo revelado a ele. Enquanto Israel não esteja corrigido, seu povo se sentirá incômodo nesta terra. É impossível viver em Israel sem ter um ideal espiritual. As forças da Natureza simplesmente não permitem que alguém esteja tranquilamente nesta terra se não possui uma harmonia espiritual.

Para encorajar os residentes da terra física de Israel a elevar-se ao nível espiritual, chamado "a terra de Israel", a realidade parece insegura e inquietante. Todas as pressões aplicadas sobre Israel por outros países, assim como através das crises sociais internas, refletidas na política, na sociedade e inclusive nas vidas pessoais do povo, estão ali para obrigar-nos a avançar rumo à meta de nossa existência neste mundo.

"Numa frase: Enquanto não elevarmos nossa meta acima da vida corporal, não teremos renovação corporal, porque o espiritual e o corporal dentro de nós, não podem viver conjuntamente porque somos os possuidores da idéia" (Baal HaSulam, "Exílio e Redenção").

O Livro do Zohar e os cabalistas através das gerações anunciaram o retorno do povo de Israel do exílio com o tempo em que a correção terá que chegar a cabo. Portanto, quando a nação regressou a Israel, o grande cabalista, Rav Abraham Isaac HaCohen Kook, que também foi o primeiro Grande Rabino de Israel foi muito franco:

"Chegou o tempo que todos saibam e reconheçam que a salvação de Israel e a salvação do mundo inteiro depende somente da aparição da sabedoria da luz oculta do interior dos segredos da Torah (Cabala) em uma linguagem clara" Cartas de Raiah, p.92) "Somente quando formos aquilo que devemos ser, voltará para a humanidade a virtude mais elevada, cuja essência será capacitada para a luz espiritual oculta dentro de sua qualidade; e naturalmente se elevará em sua totalidade e com orgulho conhecerá a felicidade" Sefer Orot (Livro das Luzes, p.155).

Devemos saber que, tal como o povo de Israel não é tomado em conta entre as setenta nações do mundo, mas considerado um grupo especial que tem como finalidade transmitir o método de correção a toda a humanidade, "a terra de Israel" não existirá no planeta Terra a menos que seja uma terra na qual resida uma nação espiritual.

Portanto, o povo de Israel só merece viver nesta terra na medida em que cumpra seu dever. Do contrário, não será considerado "o povo de Israel" e a terra tampouco será considerada "a terra de Israel". Israel então se tornará uma terra que expulsa e rejeita essa gente, uma terra que não pode manter essa nação sobre seu solo, "uma terra que devora seus habitantes" (Números, 13:32).

Baal HaSulam predisse que se não se houver nenhuma mudança, a própria existência dos judeus na terra de Israel estará em risco. Nos textos da Última Geração, ele escreveu que as coisas poderiam se deteriorar e tantos deixariam Israel e "pouco a pouco, fugiriam do sofrimento até que permanecessem muito poucos somente para merecer o nome "Estado", e seriam tragados pelos árabes".

UNINDO A NAÇÃO

Se realmente queremos ser uma nação livre em nossa terra, tal como o determina o nosso hino nacional, devemos implantar a mesma fórmula que nos manteve antes da ruína e do exílio. Em vez da separação, alienação, e ódio infundado que abunda hoje em dia, devemos uma vez mais ser partes de um só corpo, e unirmo-nos com a Natureza inclusiva. E o meio para alcançar a unidade acima de nossos poderosos egos é implantar o método de correção.

Na verdade, nos congregamos na terra de Israel principalmente devido à necessidade. O plano da Natureza fez com que as nações do mundo nos pressionem, e nos obrigam a fugir da Diáspora para encontrar um refugio em Israel. Em sua maioria, o povo foi forçado a vir aqui como um lugar de refugio onde poderia estar a salvo de seus inimigos, ou melhorar suas vidas físicas. Não vieram à Israel devido a uma motivação interna de conectar-se com amor, criar uma nação unida, equilibrar-se com a Natureza altruísta, e em seguida conduzir toda a humanidade a isto.

Finalmente, nossas atuais ataduras não nos permitem enfrentar as nações que estão contra nós, cujo laço interno é muito mais forte que o nosso. Nossos adversários estão claramente conscientes da nossa fraqueza, como o explica Dr. Zeev Magen, chefe do departamento de Historia do Oriente Médio da Universidade Bar Ilan. : 'Os iranianos e o resto do mundo dos fundamentalistas estão convencidos de que somos uma sociedade desprovida de qualquer infra-estrutura de princípios uniformes'. Além disso, estão convencidos que nós também chegamos à conclusão de que tal infra-estrutura não pode existir aqui. Portanto, os fundamentalistas estão otimistas, pois, mais cedo ou mais tarde nos derrotarão e nos tirarão daqui, ou pelo menos, acabarão com a nossa soberania, já que a certeza é sempre maior do que a incerteza. Portanto, do ponto de vista deles, estamos vivendo num tempo emprestado.

Um artigo, recentemente publicado num dos jornais árabes, acaba com uma citação de Haminai, que resumiu uma frase do Corão quando disse que "os judeus não lutarão contra vocês como um só homem. Vocês pensam que eles estão unidos, mas seus corações estão divididos".

A unidade entre nós só pode ser alcançada quando nos unirmos na realização de nosso dever neste mundo. A intenção não é de nos unirmos para melhorar nossa situação às custas de outras nações ou paises. A idéia "nacionalista" de nação da qual fala a sabedoria da Cabala está muito longe de ser o "nacionalismo tradicional" como o do ocidente. Não devemos nos considerar superiores aos outros.

Pelo contrário, o termo "povo escolhido" significa que este povo foi escolhido para servir a todas as nações. Seu dever é ajudá-las a conseguir o equilíbrio com a Natureza, e a alcançar o grau mais elevado de prosperidade espiritual. Devemos nos ver como um meio para um fim e nada mais; e somente seremos capazes de desenvolvê-lo se alcançarmos a unidade entre nós mesmos.

O nosso regresso a Israel debaixo de ameaça foi parte do plano da Natureza, dando-nos a oportunidade de descobrir por nós mesmos a necessidade interna de nos unirmos, e de criarmos uma nação que leva a humanidade à sua plenitude.

Não é coincidência que atualmente estamos falando em criar uma sociedade em Israel. Estamos divididos em seitas: seculares contra religiosos, esquerda contra direta, ashkenazim contra sefaradim, nascidos em Israel contra Olim (imigrantes) e assim por diante.

Todos os nossos esforços para nos unirmos até agora têm sido inúteis; as brechas sociais estão se aprofundando, e o ódio e a alienação pioraram. Um recente inquérito revelou que 57% dos israelenses acreditam que a existência do Estado de Israel pode estar em perigo devido a um ódio infundado.

No estado atual, devemos fazer uma pausa e achar nossas raízes, ver de onde viemos como chegamos a ser "o povo de Israel", achar os princípios pelos qual a nação foi fundada e seu propósito.

Somente quando realmente "vivermos" os eternos fundamentos do estado de Israel, será possível nos unirmos e promovermos a unidade de todo o povo, onde quer que ele esteja.

ANTI-SEMISTISMO

Nehuma calamidade chega ao mundo sem ser de Israel
- Tamud Babilônico, Yevamot, 63:1

Ao entender o papel de Israel se torna mais fácil compreender o fenômeno do anti-semitismo, e como poderia ser resolvido. A raiz, tanto do anti-semitismo como o de acusar os judeus por cada adversidade que ocorre no mundo faz parte do propósito da existência de Israel: prover ao mundo o método de correção do ego. O destino do povo de Israel depende de como realizará sua tarefa.

Enquanto que Israel não leve a cabo o método de correção sobre si mesmo e não o transmita ao resto das nações, o desequilíbrio da humanidade com a Natureza aumentará. Continuarão aumentando a intensidade e a freqüência dos fenômenos negativos em toda a humanidade, e na vida de cada indivíduo. Atualmente, estes fenômenos pioraram ao nível de uma crise global.

O anti-semitismo está aparecendo no mundo de acordo com a evolução das nações. Subconscientemente, as nações sentem que dependem de Israel para a sua felicidade. É por isso que a atitude negativa para com os judeus apareceu especificamente em nações mais evoluídas.
Não é surpreendente que a Alemanha, o país mais evoluído no início do século XX, foi também o país onde ocorreu um horrendo surgimento de anti-semitismo. Quanto mais evolui o ego de uma nação,o ódio se desperta de maneira mais poderosa contra os

judeus. Em alguns casos, é uma reação violenta; em outros, se reflete em consentimento silencioso e apoio.

Hoje a evolução do ego faz com que a maioria das nações do mundo sinta rancor por Israel. Incluindo países que anteriormente tiveram simpatia por Israel, tais como os países da Europa do norte, mudaram para mal. As pesquisas efetuadas na União Européia indicam que 60% da população da União Européia acreditam que Israel é o país que representa o maior perigo para a paz mundial. Na Holanda, por exemplo, esta opinião é apoiada por 74% da população. O inquérito também revelou que a imagem de Israel, entre os mais educados, está se deteriorando.

Além disso, aparentemente "pequenos e insignificantes" países estão fazendo declarações anti-israelenses. Inclusive países que não têm contato direto com Israel mostram atitudes anti-semitas.
Todos estes fenômenos estão enraizados na Natureza da Criação, tal como está escrito: "É sabido que Esaú odeia Jacó" (Midrash Sifrey, Parashat BeHaalotjah, par.11

Devemos esclarecer que outras nações se relacionam entre si de maneira muito diferente da maneira pela qual o fazem com Israel. Inclusive quando duas nações se odeiam mutuamente, elas se unem diante de uma ameaça comum, tal como os animais cooperam para escapar do perigo.
Mas as atitudes de outras nações por Israel são diferentes - inclusive sob ameaça. Elas nos indicam com o dedo como sendo a razão de seu estado perigoso.

Atualmente, muitas nações acreditam que não há lugar para o povo de Israel no mundo, nem sequer no estado de Israel. Tais crenças provêm do instinto do que somos a fonte de todos os problemas.
Todavia, essas nações não o podem explicar conscientemente para si mesmas ou para nós.

De fato, os judeus, tampouco compreendem porque todos os odeiam, e porque, curiosamente, se sentem culpados. É quase como se estivessem em duelo com outras nações, reconhecendo que merecem sua atitude diferente e negativa.

Na realidade, o anti-semitismo não depende das nações do mundo, mas unicamente da função de Israel. Não devemos confiar em que nenhuma outra nação nos ajude, ou esperar que a atitude do mundo por nós mude para o bem. Pelo contrário, o ódio por nós surgirá ainda em países que hoje em dia parecem nos apoiar, a menos que comecemos a realizar a nossa tarefa.

O AUGE DO ISLÃ

Além do crescente anti-semitismo, existe um outro fenômeno recente que está afetando muito nossa situação: o cristianismo está cedendo seu domínio diante do Islã fundamentalista. Este processo está descrito no Livro do Zohar como parte dos processos que ocorrerão quando Israel regressar a sua terra: "E os filhos de Ismael estão destinados a evocar grandes guerras no mundo, e os filhos de Edom se juntarão a eles e farão a guerra com eles" (Zohar, VaEra, item 203).

Quando estudamos o auge do Islã, assim como quando analisamos qualquer processo, devemos primeiro saber que tudo que acontece neste mundo é uma conseqüência do equilíbrio das forças ocultas da realidade. Por exemplo, não podemos sentir ou ver as forças da gravidade, mas podemos sentir os resultados de suas ações. Medimos seus efeitos e assim aprendemos a manejá-las.

Em grande medida, da mesma maneira, há forças na realidade que afetam a sociedade humana. Todavia, diferentemente das forças que afetam graus inferiores ao nível do ser humano (inanimado, vegetativo, e animado na Natureza e em nossos corpos), não podemos identificar claramente as forças que influem na sociedade humana, ou suas conseqüências. Isto porque, ao investigar certos fenômenos temos que observá-los a partir de uma perspectiva superior. Por exemplo, um menino não pode aprender o que significa ser um menino. Da mesma forma, atualmente não podemos entender as forças que afetam nosso grau, o nível humano.

Todavia, porque a realidade é perfeita, podemos entender que tal como as forças naturais afetam todos os graus da Natureza, a sociedade humana também está influenciada por forças da Natureza que estão ocultas aos nossos olhos. De fato, todos os fenômenos que observamos na sociedade humana, nas relações humanas, entre os povos e entre as nações, são os efeitos das forças da Natureza, as quais manipulam a sociedade humana assim como um pastor dirige seu rebanho.

Se quisermos mudar a nossa situação, devemos entender estas forças e influir no lugar onde elas nos afetam. E o grau de onde elas nos afetam está acima do nível humano, portanto, se chama "O Nível Superior da Natureza" ou "o Mundo Superior".

Os cabalistas explicam este modus operandi com as seguintes palavras (Bereshit Raba, 10,6): "Não existe um fragmento de grama abaixo que não tenha um anjo (força) que o golpeia e lhe diz: Cresce".
Em outras palavras, nada muda em nosso mundo sem que seja operado por uma força de um grau superior, O Mundo Superior.

Portanto para compreender as relações entre as religiões em geral, e o auge do Islã, em particular, devemos conhecer a Raiz Superior das religiões: as três linhas. De fato, a evolução do homem em direção ao equilíbrio com a Natureza inclusiva se estende ao longo de um caminho que consiste em três linhas: direita, esquerda e central. Existem muitos graus neste caminho. Em cada grau a pessoa aumenta o egoísmo que vem da linha esquerda, e adquire em oposição, a força altruísta equilibrada que vem da linha direita para corrigir o ego. Nossa tarefa é fusionar as duas linhas extremas no centro, quer dizer, usar o ego de maneira altruísta.

Em paralelo a estas linhas existe um sistema que tem como propósito sustentá-las, como uma casca que guarda o fruto no seu interior. Por esta razão, o sistema se chama "o sistema das Klipot (cascas)". Sua tarefa é garantir o funcionamento das linhas.

Os resultados do trabalho das forças da direita e da esquerda na sociedade humana são o islamismo e o cristianismo, respectivamente.

As linhas esquerda e direita ajudam Israel a manter um curso reto na linha central até a realização do plano da Natureza. Durante o exílio, a força que operou sobre Israel veio principalmente da linha esquerda, mas até o final da correção do egoísmo humano coletivo, a linha direita se tornará progressivamente mais ativa.

Durante o exílio, a evolução das nações se caracterizou pela intensificação do egoísmo. Portanto, a Klipa (singular de Klipot) esquerda foi a força dominante para moldar o povo de Israel e distingui-lo das outras nações do mundo. O fez ao odiar Israel, quer dizer, através do anti-semitismo. Ao fazê-lo, protegeu o povo de Israel da assimilação com as nações do mundo durante séculos de exílio.

Todavia, a partir do fim do exílio, isto já não era suficiente. Agora a Klipa direita, a força oposta à força equilibrante, deve ser despertada e levar Israel a adquirir a qualidade verdadeira do altruísmo.

As forças inerentes da Natureza ativam os elementos na sociedade humana: as nações, os países, e assim sucessivamente. Portanto desde a época do exílio de Israel, a Klipa esquerda, o cristianismo, dominou nosso mundo. Tomou o lugar de Atenas e Roma (que não foram religiões, ou Klipot), dominou o mundo e suprimiu todos os demais métodos.

Mas ao aproximar-se o tempo em que Israel deve se corrigir e colocar a qualidade do altruísmo acima do ego, o domínio da força da Klipa da direita está aparecendo no mundo. Isto é o que sentimos atualmente como uma intensificação global do poder do islã sobre o cristianismo.

Quando o povo de Israel começar a enfrentar as duas Klipot e a estabilizar-se na linha do centro, se encontrará com a linha central. Se radicará dentro do povo, em sua própria religião, e deverá distingui-la, separá-la, e retirá-la do mundo.

Devemos estar conscientes do que todas as guerras que os cabalistas descrevem podem ser determinadas em um nível superior do humano-social, este é o nível de nossos desejos. Se triunfarmos ali, conseguirmos o método de correção e aprendermos a usar o ego de maneira altruísta, teremos então construído a linha central. Nesse estado, não será necessário que as guerras se materializem.

Devemos nos lembrar que a medida de equilíbrio ou desequilíbrio entre a Natureza e nós, determina a realidade externa, corporal, e a intensidade do sofrimento que experimentamos. A chave para a mudança está em nossas mãos porque a única parte ativa na realidade, para bem ou para mal, e o povo de Israel.

INTERIORIDADE E EXTERIORIDADE

Tenham em mente que em tudo, existe interioridade e exterioridade. E, Israel, os descendentes de Abrão, Isaac e Jacó, na verdade, são consideradas a interioridade do mundo, e as setenta nações são consideradas a exterioridade do mundo.

-Baal HaSulam,
"Introdução ao Livro do Zohar"

O povo de Israel é análogo aos órgãos-chave no corpo coletivo da humanidade - o cérebro, o coração, o fígado, os pulmões, os rins - que operam o resto dos órgãos do corpo. Quando esses órgãos não funcionam bem, todo o corpo sofre e fica doente.

Assim sendo, o processo de curar o egoísmo humano depende do êxito de curar o povo de Israel. Consequentemente o resto do corpo será curado de maneira suave e facilmente. Visto que o plano da Natureza colocou o povo de Israel como o encarregado do estado do mundo, este é considerado a interioridade do mundo, enquanto que o resto das nações são catalogadas como a exterioridade do mundo.

De fato, em qualquer coisa que se examina, se descobre que ela contém uma parte interna e outra externa. A parte interna no objeto se chama "Israel" e a parte externa é conhecida como "as nações do mundo". Por exemplo, qualquer pessoa que desperta para corrigir seu ego, contém dois tipos de desejos: Israel, o desejo de alcançar o equilíbrio com a Natureza altruísta, e as Nações do mundo, os desejos egoístas.

O equilíbrio perfeito com a Natureza consegue-se somente quando todos os desejos egoístas de uma pessoa estão em equilíbrio com a Natureza altruísta. Concluindo assim que o mundo todo funciona de uma maneira similar. Assim sendo, somente quando todos tenham se corrigido, conseguiremos a correção completa do egoísmo humano. Todavia, aqueles que toleram Israel têm uma influência decisiva sobre o processo, surgindo da ordem de correção enraizada no plano da Natureza.

Quando um indivíduo de Israel eleva a interioridade de alguém, o desejo altruísta, acima da exterioridade, - o desejo egoísta de um indivíduo -, ele fortalece a interioridade dos demais de Israel e das nações do mundo. Ao fazê-lo, o povo de Israel se aproxima da execução de sua tarefa, e, como resultado, as nações do mundo desejarão nos apoiar e se aproximar de nós.

Se, por outro lado, alguém de Israel exalta e aprecia a exterioridade egoísta de alguém, acima de sua interioridade altruísta, essa pessoa eleva o valor da exterioridade acima da interioridade em todos os demais níveis também. Por conseguinte, o povo de Israel se desenvolve, longe de levar a cabo seu dever, e as nações do mundo nos dominam e nos degradam

Esta percepção coloca o indivíduo de Israel como o desenhista das relações de toda a realidade: essas palavras foram expressas por Bal HaSulam : "Não se surpreenda se as ações de uma pessoa tragam a ascensão e declínio no mundo inteiro... Ao contrário, as partes compõem tudo que está contido no geral" (Introdução do Livro do Zohar, item 68).

Em seu livro, Orot HaKodesh (Luzes da Santidade), o Rav Kook apresenta uma idéia similar: "A magnitude do valor da força do desejo do homem, tão crucial em seu grau de realidade, está para ser revelada ao mundo através dos segredos da Torah (Cabala). E esta revelação será o coroamento de toda a ciência".

Portanto, visto que pouca gente tolera o povo de Israel, que conta com o poder necessário e a força para levar a cabo a correção exigida no mundo inteiro, o despertar das demais nações depende completamente da extensão em que alguém de Israel prefira a interioridade à exterioridade ou o Israel interno acima das nações internas do mundo em seu interior.

Na verdade, o povo de Israel determina as relações entre si e as nações do mundo, as quais estão se levantando contra nós porque lhes outorgamos poderes. Ao incrementar a importância de nossa parte egoísta acima de nossa parte altruísta, estamos fazendo com que as nações do mundo dominem também nosso exterior.

Se pudéssemos nos elevar um pouco rumo ao equilíbrio com o altruísmo da Natureza, nossos inimigos não desejariam lutar contra nós. E se nos elevarmos um pouco mais, eles se tornarão nossos amigos.
É uma reação direta, totalmente independente deles. Nós, de fato, os operamos!

Se lidarmos com este ponto intrínseco, nossos inimigos descobrirão, imediatamente, desejos totalmente diferentes dentro deles, como se o dia anterior tivesse sido apagado. Começarão a sentir que com nossa ajuda, eles poderão alcançar a eternidade e a perfeição.

Assim, enquanto menosprezarmos a interioridade, a humanidade nos menosprezará e vice-versa. Se exaltarmos a importância de realizar o plano da Natureza, a humanidade nos considerará como os proprietários do método que leva à felicidade. Isto é a lei da interioridade e exterioridade, e não pode ser mudada.

A GUERRA DE GOG E MAGOG

A batalha entre a interioridade e a exterioridade se chama "A Guerra de Gog e Magog". Se estende dentro do povo de Israel, e suas conseqüências determinam o destino do mundo inteiro. Se triunfarmos, evitaremos as descrições horripilantes da Guerra de Gog e Magog como uma guerra apocalíptica global.

A Guerra de Gog e Magog é, na verdade, uma guerra interna, que acontece dentro dos indivíduos de Israel. Não é uma guerra física com aviões e mísseis, como se pensa às vezes. Os aviões e os mísseis não são a guerra real, são simplesmente manifestações físicas do desequilíbrio acumulado.

A Guerra de Gog e Magog é um conflito entre a interioridade e a exterioridade de nossos desejos.
É liberada em nossos corações e em nossas mentes. Na medida em que se desenvolve, nos dá uma opção. A qual delas queremos pertencer? Preferimos a interioridade do mundo ou sua exterioridade?
Até onde estão atraídos os nossos desejos, mentes, e corações? Esta é a guerra. E, o propósito deste livro é tornar cada pessoa em Israel consciente que sua interioridade determina tudo aquilo que ocorre no mundo externo.
interioridade em nossos corações. Precisamente Para ganhar esta guerra, precisamos de meios para incrementar a importância da para esse propósito, a sabedoria da Cabala foi revelada em nossa geração. Através do nosso exílio, que foi tanto espiritual como físico, fomos afastados dessa sabedoria. Enquanto que poucos escolhidos estavam corrigindo seus egos e percebendo a Natureza inclusiva ao utilizar essa sabedoria, o resto da nação ficou totalmente desvinculada disso, permanecendo só com símbolos superficiais da tradição de Israel.

Devemos estar conscientes de que o método de correção do ego, o qual foi entregue a Israel por Moisés, - a Torah (Pentateuco) - foi escrita na linguagem dos ramos. Esta utiliza termos físicos (ramos) para indicar elementos espirituais (raízes).

Os cabalistas - pessoas que alcançaram a compreensão da Natureza e vivem tanto nos mundos físico e espiritual simultaneamente - sabem como decifrar a linguagem dos ramos. Eles identificam qual raiz espiritual indica cada ramo físico. Portanto, eles vêem a Torah como um instrumento para o trabalho nas três linhas previamente mencionadas; quer dizer, um instrutivo para corrigir o ego.

Porém, o resto das pessoas podem ver na linguagem dos ramos nada mais do que descrições físicas. Elas só vêem a parte superficial da Torah, e não têm idéia de que há algo escondido no seu interior. Como resultado, no decurso do exílio, o povo começou a tratar a Torah como algo superficial, como um livro de história ou uma constituição legal.

Na "Essência da Sabedoria da Cabala", e no Talmud Esser Sefirot, primeira parte, Baal HaSulam se refere a este fenômeno como "materializar". Explica que isso é uma conseqüência de mil anos de desvinculação de Israel do mundo espiritual. Até nossa época, os cabalistas mantiveram isto em silêncio. Mas, quando começou a migração para Israel, marcando o fim do exílio, saíram do ocultismo e chamaram o povo para voltar a seu propósito na vida, o qual foi esquecido desde a destruição do Templo. Eles exortaram o povo a usar a sabedoria da Cabala para esse fim.

A Cabala é única, porque utiliza uma linguagem "codificada" de mundos e das Sefirot. Descreve em detalhes todos os elementos do ego e as fases para corrigir cada um deles. Usando gráficos, tabelas e cálculos, a Cabala conduz o indivíduo nos passos da correção do ego, indica o passo seguinte exigido em cada etapa e explica como deve ser feito. Não deixa nenhuma dúvida para a pessoa imaginar que pode conseguir algo de bom na vida sem corrigir o ego. Finalmente, demonstra que o caminho para conseguir esta correção se faz através de ações internas, contemplativas.

Esta é a razão pela qual os cabalistas explicaram que o povo de Israel recuperará o equilíbrio com a Natureza somente com a sabedoria da Cabala. Esta é também a razão pela qual apareceram para disseminá-la às massas. Se deram conta de que esta era a única maneira do povo de Israel e do mundo inteiro de se aproximar da redenção e liberar-se das adversidades, tal como está escrito: "este assunto da redenção...é a plenitude suprema de realização e conhecimento" (Baal HaSulam, "Introdução à Arvore da Vida").

O Gaon de Vilna (GRA) escreveu: "A redenção depende principalmente do estudo da Cabala" (Even Shlomo, Capitulo 11, item 3). O Rav Kook explicou de maneira similar: "As grandes questões espirituais que previamente haviam sido resolvidas, unicamente para os puros e grandes, agora devem ser resolvidos em diversos graus,para toda a nação" (Eder Ha Yekar ve Ikvey Ha Tzon). Da mesma forma, Baal HaSulam, em sua "Introdução à Arvore da Vida", determinou que "só através da disseminação da sabedoria da Cabala nas massas obteremos a redenção total." Nesse sentido, escreveu que devemos " publicar livros, para apressar a circulação da sabedoria para toda a nação".

Mas os cabalistas estavam em oposição. Nem todos os líderes ortodoxos atenderam ao chamado; alguns se opuseram e trataram de impedir a disseminação da Cabala. Esta reação é o resultado do exílio espiritual do povo pelos últimos dois mil anos. No final, durante o último e mais baixo nível espiritual do exílio, inclusive pessoas sem realização espiritual, se tornaram líderes de seu povo.

Um exemplo claro deste enfoque foi o tratamento que Baal HaSulam recebeu quando começou a disseminar a Cabala entre as massas. Sua tarefa foi clara: " Tenho uma grande necessidade de romper um murro de ferro que nos separou da sabedoria da Cabala desde a destruição do Templo até esta geração. Isto nos pesa gravemente e desperta o medo de ser esquecida por Israel" ("Introdução ao Estudo das Dez Sefirot", item 1).

Com a intenção de evitar a chegada do Holocáusto, em 1933 , Baal HaSulam publicou uma série de tratados. O primeiro tratado estabeleceu que haveria cinquenta tratados desse tipo, e o título desse primeiro ensaio no tratado,"Tempo de Atuar", indica claramente a intenção do autor.

Duas semanas mais tarde, o segundo tratado foi publicado, "HaArvut" (A Garantia Mútua), e depois desse seguiu o terceiro e último tratado,"HaShalom" (A Paz).

A intenção de Baal HaSulam de disseminar a sabedoria da Cabala às massas não foi do agrado de alguns líderes públicos, que impediram a publicação desses ensaios para evitar a disseminação da sabedoria . Baal HaSulam não foi o primeiro cabalista que recebeu esse tipo de "tratamento", O Ramchal, por exemplo, sofreu de uma atitude similar na sua tentativa de despertar o povo.

No "As Portas de Ramchal", ensaio "O Debate", p.97, escreveu: "Rashbi (Rabi Shimon Bar-Yochai) está elevando tanto a sua voz, fazendo um chamado a todos aqueles que se apegaram à Torah, literalmente, os quais estão adormecidos... É fruto do exílio que Israel, através de nossas numerosas faltas, esqueceu seu caminho e permaneceu adormecido, imerso em seu sonho, ignorando-o... Observe, estamos na escuridão, como os mortos do mundo, como os cegos tentam buscar seu caminho. Não é digno dos justos seguir este caminho, mas ao contrário, abrir os olhos cegos".

A luta para disseminar o método de correção ao público é a guerra mais importante da realidade. Suas conseqüências são verdadeiramente graves: o retardar da distribuição do método, fará com que a interioridade seja dominada pela exterioridade dentro de cada pessoa, na nação de Israel e no mundo inteiro. Conseqüentemente, esse equilíbrio de forças determina o tipo de mundo no qual continuaremos vivendo.

Assim, já foi escrito no Livro do Zohar: "Ai dessas pessoas...que tornam seca a Torah, sem a humanidade da mente e do conhecimento, e não desejam entender a sabedoria da Cabala...Ai desses, que com seus atos, causam no mundo pobreza, ruína, roubo, saques, assassinatos e destruição" (Zohar, Tikkunim 30).

O Rabino Haim Vital, o discípulo e escrivão do Ari, escreveu com pesar a respeito disso em sua "Introdução à Árvore da Vida" do Ari : "Ai das pessoas que ofendem a Torah. Sem dúvida, ao se aterem literalmente à ela e às suas histórias e nada mais, esta se veste de luto e se cobre com um manto. E todas as nações dirão a Israel: 'Porque teu amado vale mais que outro amado? Porque tua Torah é maior que a nossa Torah? Afinal de contas, tua Torah são também histórias terrenas triviais'. Não há pior insulto para a Torah do que esse. Ai daqueles que ofendem a Torah e não se envolvem na sabedoria da Cabala que honra a Torah, porque são eles que prolongam o exílio e todos os males que chegam ao mundo".

Depois do holocausto, desde 1945 até o último dia, Baal HaSulam se dedicou à publicação do comentário O Sulam sobre O Livro do Zohar. Na introdução ao comentário, explicou uma vez mais a urgência de começar a implementar o método de correção: "Agora cabe à nós, sobreviventes, corrigir esse terrível equívoco....Então, todos e cada um de nós conseguirá intensificar sua própria interioridade... E essa força chegará à totalidade do povo de Israel.E da mesma forma, a interioridade das Nações do Mundo, Os Justos das nações do mundo dominarão e submeterão sua exterioridade, que são os destruidores do mundo. E a interioridade do mundo, que é Israel, surgirá com todo seu mérito e virtude acima da exterioridade do mundo, que são as nações. Então, todas as Nações do Mundo reconhecerão e saudarão o mérito de Israel".

O FUTURO DO MUNDO ESTÁ EM NOSSAS MÃOS

Como já foi dito neste capítulo, parece que a solução para a crise global depende particularmente de nós, de todos e de cada um dos membros da nação de Israel; não de seus líderes, mas de cada indivíduo.

Se não cumprirmos o nosso papel, cada momento nos custará caro. O povo de Israel não pode recusar e nem fugir do seu dever. Tampouco pode ignorá-lo.

É como a história bíblica do profeta Jonas, que foi enviado para advertir os habitantes de Nínive a respeito do perigo que estavam enfrentando. Jonas tentou fugir da tarefa que lhe foi dada, porem foi obrigado a terminar a sua missão.

A história de Jonas é uma alegoria relevante para todos nós e por isso os cabalistas deram instruções ao povo que a leiam, todos os anos, em Yom Kippur (Dia do Perdão), o dia de introspecção como lembrete do nosso dever.

Mesmo que quiséssemos fugir de nosso dever e ir para outros países, no estrangeiro, isso não nos libera da responsabilidade que temos ao nosso cargo. Tais como marinheiros no barco de Jonas quando sentiram que deviam culpá-lo pela tempestade que ia afundá-los, o atiraram do barco. Atualmente as nações do mundo estão sentindo que somos culpados pelos problemas do mundo, e sua pressão sobre nós aumentará rapidamente. A sombria realidade na qual nos encontramos hoje em dia pode ser apenas o principio daquilo que nos espera.

Construímos em Israel uma bolha artificial e estamos vivendo nossa rotina diária nessa base. A maioria de nós acredita que somos capazes de superar os nossos vizinhos pela força militar ou que um dia faremos a paz com eles. De qualquer maneira, a atmosfera geral é, "Tudo vai dar certo". Não estamos conscientes do golpe que nos ameaça, e assim continuamos com nossas vidas diárias.

As vicissitudes que nos afligem hoje em dia, estão particularmente destinadas a nos despertar para fazermos o nosso dever. No momento em que nos abrirmos e entendermos tanto como individuo quanto como povo, a essência de nossa existência no mundo e nosso papel, poderemos restabelecer a conexão que perdemos com o mundo espiritual e tornar a sentir segurança, prosperidade, independência e plenitude.

Por enquanto, nos é permitido viver em Israel, apesar de estarmos arrasados com a execução do plano da Natureza. Este estado é similar àquele que existiu antes da destruição do Templo. Os sinais da destruição estiveram ali uns setenta anos antes da destruição em si, quando o povo desceu aos níveis mais baixos de corporalidade e ódio infundado. Contudo, o Templo continuou de pé por mais um tempo, e o povo ainda não tinha saído para o exílio.

Ainda que a destruição já tivesse ocorrido a nível energético, não tinha se realizado materialmente. Foi "retardada" por várias décadas. Atualmente, ainda existe uma demora, para que levemos a cabo a correção.
O método de correção do ego é a nossa tábua de salvação no nível pessoal e mundial, como indivíduos e como humanidade. Quanto mais nos afastarmos dele mais sofreremos, por estarmos agindo em oposição às leis da Natureza inclusiva. O fato é que

a cada tentativa de curar uma dor geramos uma nova dor. Mesmo assim temos em nossas mãos a oportunidade de mudar de direção.

Mesmo que apenas alguns poucos se curvem à realização de nosso dever, o equilíbrio das forças da natureza mudará imediatamente. O começo da realização do método de correção do ego trará uma mudança imediata em todo o planeta. Enquanto isso, não é surpreendente que a maioria pense que os judeus estão manipulando o mundo, e que têm algum segredo que não estão dispostos a compartilhar.

Quando nossos pensamentos são egoístas, tornamos o mundo doente. Porém se quisermos mudar, os pensamentos altruístas nos permitirão transformar o mundo para o bem à velocidade da luz. Fomos "escolhidos" significa que dentro de nós existem poderes de pensamento e vontade ou loucura, que usados corretamente, nos permitirão mudar a realidade de forma instantânea. Devemos reconhecer isso e assim "sentenciar o mundo a um julgamento de mérito" (Talmud, Babilônico Kidushin 40:2).

Hoje em dia, se recomenda que cada pessoa conheça os princípios do método de correção, trate de despertá-los dentro de si e transmitir esse conhecimento aos demais. Quando lemos livros relacionados ao método de correção, ou encontramos material parecido na Internet ou vemos um vídeo sobre esse tema, isso fortalece nossa interioridade. Isso aumentará a sensação de que nosso próprio futuro, nossa felicidade e a felicidade de nossos entes queridos depende somente de conseguir o equilíbrio com a Natureza altruísta, que nos fará aspirar a ele. Ao fazê-lo, imediatamente, mudaremos o rumo de nossas vidas.

Toda nação tem uma raiz genética que a caracteriza. O que faz com que a nação de Israel seja singular, distinguindo-a das demais, é sua raiz espiritual. Isto quer dizer que o povo judeu está destinado a levar toda a humanidade ao mais alto nível de existência possível.

Resumindo, devemos estar conscientes de que somos um povo especial. Tudo que nos acontece, é causado por nós. Não há mais ninguém a quem culpar salvo a nós mesmos. Ninguém determina nada para nós e não existe outra nação no mundo que determine totalmente tudo aquilo que lhe ocorre.

Pode ser difícil de aceitar e assimilar, mas tudo está em nossas mãos e depende de nós. Somos os únicos que determinam o nosso destino e o destino do mundo inteiro.

NOTAS

Organização Mundial da Saúde (OMS), Saúde mental, depressão, http;//www.who.int/mental _health/management/depression/ definition/en/;OMS,Relatório de estatisticas: Disturbios mentais

e neurológicos, http//www.who.int/whr/2001/media_centre/en/.
Os dados foram tomados do site da OMS, e do sitio do Ministério da
Saúde de Israel,http ://www.health.gov.il/download/mental/annual
2003/p2-12.pdf.
Organização Mundial de Saúde (OMS), Saúde mental, índice de suicídios em cada
100.000 ,Segundo o país, idade e sexo
http://www.who.int/mental_health/prevention/suicide//en/Figures_web0604_table.pdf.
Dra. Dalia Gilboa, chefe do Comité Inter-Ministerial para a prevenção
do suicídio juvenil,http://health.gov.il/pages/default.asp?maincat=10&
catId=75
O Cabinete da Casa Branca de Política Nacional de Controle de Drogas
(ONDCP),Agência de Informação de Política Antidrogas, Folha Informativa, março
2003.
Publicado em 27 de junho de 2006,http://www.ynet.co.il/articles/
0,7340,L-3267779,00.html. O relatório completo esta disponivel no website das Nações
Unidas,http://www.unodc.org/unodc/en/world_drug_report.html,
Os dados foram tomados de http://www.divorcemarg.com;statistics/
statsWorld.shtm
Publicado num artigo do periódico Yedioth Aharonot. Dia 14 de maio de 2006.
Em Aramaíco, Babel deriva da palavra Bilbul,que significa confusão e mistura.
Sobre isso, se recomenda ler a descrição do Rambam desse processo no
The Mighty Hand, Laws of Idolatry (A mão poderosa, leis de idolatria,Capitulo 1, item
3.
A.Nebel, D. Filon, B. Brinkmann, PP. Majumder, M. Faerman, A Oppenheim, The
chromosome pool of jews as part of the genetic landscape of the Middle East (o acervo
genético do cromossomo Y
nos judeus, como parte do panorama do Oriente Médio)
The American Journal of Human Genetics (Revista Americana de
Genetica Humana),2001,1095-112(5)69.
http://www.makorrishon.net/show.asp?id=14018
http://nrg.co.il/online/11/ART1-486-489.html
Nota: A implementação pratica dos principios,tal como são apresentados nos escritos de
Baal HaSulam, esta explicada no livro A Ultima Geração, do Rav Laitman.
http://www.nfc.co.il/NewsPrintVersion.asp?docId=33202&subject1D=1.

SOBRE BNEI BARUCH

Bnei Baruch é uma instituição sem fim lucrativo que tem por objetivo a disseminação
da sabedoria da Cabala para acelerar a espiritualidade da humanidade. O cabalista Rav.
Dr. Michael Laitman, que foi discípulo e assistente pessoal do Rabi Baruch Ashlag,

filho do Rabi Yehuda Ashlag (autor do comentário sobre o Zohar), segue os passos de seu mentor guiando o grupo até realizar a sua missão.

O método científico de Laitman oferece às pessoas de todas as crenças, religiões e culturas as ferramentas necessárias e precisas para entrar num caminho altamente eficaz de auto descobrimento e elevação espiritual. Enfocando-se no processo interno o qual os indivíduos seguem no seu próprio ritmo. O Bnei Baruch, acolhe pessoas de todas as idades e estilos de vida para que se integrem num processo gratificante.

Nos últimos anos, surgiu uma demanda mundial massiva em busca de respostas a perguntas sobre a vida. A sociedade perdeu sua habilidade de ver a realidade pelo que ela é, e em seu lugar apareceram pontos de vista e opiniões formados levianamente.
Bnei Baruch chega a todos aqueles que estão procurando uma consciência mais elevada que a comum, aqueles que procuram entender qual o verdadeiro propósito da nossa existência.

O Bnei Baruch oferece um guia prático e um método confiável para entender os fenômenos mundiais. O autêntico método de ensino, concebido pelo Rabi Yehuda Ashlag, não só ajuda as pessoas a superar as dificuldades e atribulações da vida diária, mas também a iniciar um processo onde superam suas atuais limitações .

O rabino Yehuda Ashlag deixou um método de estudo para essa geração, o qual essencialmente "treina" os indivíduos para comportarem-se como se já tivessem alcançado a perfeição dos Mundos Superiores, enquanto estão vivendo neste mundo. Nas palavras do rabino Yehuda Ashlag, "Este método é um caminho prático para compreender o Mundo Superior e a fonte de nossa existência enquanto ainda vivemos neste mundo".

O cabalista é um investigador que estuda sua própria natureza, utilizando esse método preciso, experimentado e provado através do tempo. Com esse método, o homem alcança a perfeição, controla e descobre o propósito de sua vida. Tal como uma pessoa não pode se comportar de modo próprio neste mundo sem ter este conhecimento, assim também sua alma não pode funcionar de maneira correta no Mundo Superior sem conhecê-lo. A sabedoria da Cabala oferece este conhecimento.

COMO CONTACTAR BNEI BARUCH

1057 Steeles Avenue West, Suite 532
Toronto, ON, M2R 3X1, Canada

194 Quentin Rd, 2 andar
Brooklyn, New York, 11223,USA

Correio eletrônico: info@kabbalah.info
Sitio Web: www.kabbalah.info

Linha gratis nos Estados Unidos e Canada
1-866-LAITMAN
fax: 1-905 886 9697

www.ingramcontent.com/pod-product-compliance
Lightning Source LLC
Chambersburg PA
CBHW080624290526
45790CB00007B/2913